ドゥーガル・
フレイザー著
穴口恵子監訳

カラーマジック

人生を幸運に導く
「色使いの達人」
になる

本書への推薦の言葉

「ドゥーガル・フレイザーは、私たちの人生における色に、新たな明るい次元を付け加えます。彼の直感的な認識は、感動的で非常に実用的です。この稀少《きしょう》な教師の知恵を、誠実さとハートをもって吸収し、あなたが住む世界の周波数を上げてください」

――アラン・コーエン　ニューヨークタイムズのベストセラー作家。A Course in Miracles Made Easy（邦題：今まででいちばんやさしい「奇跡のコース」）の著者。

「ドゥーガルは、色のエネルギーのパワーをすべて見せてくれます。これは、私たちが毎日見る色の背後にあるより深い意味を掘り下げた、有益で楽しい読み物です」

――ジェームズ・ヴァン・プラグ　ニューヨークタイムズのベストセラー作家。The Power of Love の著者。

「パワフルで、意欲を起こさせ、気持ちを高めてくれます。この本は、シンプルなやり方で自分の直感的な側面を活用する能力を高め、色を使って意識の様々な部分を探ることを助けてくれました」

――ニコール・リッチー　ニューヨークタイムズのベストセラー作家。The Truth About Diamonds（邦題：ダイヤモンドの真実）の著者。

「個人的な変容のために色のエネルギーを活用することへの、華麗で楽しく、しかもシンプルなアプローチです。ドゥーガル・フレイザーのオーラとエネルギーへのつながりにインスピレーションを受けて、日々のあらゆる面にもっと色を織り込みたくなるでしょう。彼の知的でウィットに富んだスタイルで書かれたこの本は、多くを教え、楽しませてくれるでしょう。美しく表現され、雄弁に語られています」

――コレット・バロン－リード　ベストセラー作家。The Map と Uncharted の著者。

「ドゥーガルがユア・ライフ・イン・カラー（原題）で繰り広げるオーラの色の説明は非常に詳しく、あなたの人生に簡単に当てはめることができます。この本は、あなた自身の第三の目を開いて、自分自身とあなたの人生にいる人々を、よりはっきりと理解し始めるようにいざないます」

――グリニス・マカンツ　数秘術家、ベストセラー作家。Glynis Has Your Number と Love by the Numbers の著者。

「ユア・ライフ・イン・カラーは、ドゥーガル・フレイザーのウィット、ユーモア、知恵、そして知識をよく表しています。あなたが色を理解し、色とワークし始めて、色があなたの人生にどのように影響するかを理解すれば、もう以前と同じように色を見ることはないでしょう！」

——ジョン・ホランド　サイキック・ミディアム、スピリチュアル・ティーチャー、ベストセラー作家。Power of the Soul（邦題：パワー・オブ・ザ・ソウル—あなたの魂こそがあなたをあなたにする）の著者。


「色のテーマは私たちの人生の中で最も重要な部分の一つであり、私たちを困惑させたり怖がらせることもあります。それを理解できるように楽しく提示してくれるのが本書です」

——アイザック・ミズラヒ　ファッションデザイナー。


「ドゥーガルは私の色のグル（導師）です！　ユア・ライフ・イン・カラーは、完全なる自信と明快さと目的を持って生きるために、頼りになる手引書です。ドゥーガルの本をあなたの小さな熱い手にとり（そして色をあなたの味方にすれば！）虹のふもとにあるといわれる、夢のような幸運にあなたを導くコンパスは、もうあなたのものです！」

——リシア・モレリ　ベストセラー作家。The Lemonade Hurricane の共著者。

コレット・バロン＝リードへ

あなたの友情、導き、そして励ましは、私にとって
言葉で表されない程の意味があります。

目次

第3章 ゴールド

第4章

シルバー

特質：神の女性性の側面／智恵と家庭
シャドウ・サイド：慈悲の心の欠如／バランスの悪い家庭のエネルギー

第5章

青

特質：真実と智恵

シャドウ・サイド：回避／恐れまたは欺瞞《ぎまん》

第6章

エメラルドグリーン

特質：コミュニケーションとクリエイティビティ
シャドウ・サイド：ブロックされた自己表現

第7章 紫

特質：リーダーシップ、運命、目的
シャドウ・サイド：方向性の欠如／優柔不断

第8章

ルビーレッド

特質：健康な感情と人間関係
シャドウ・サイド：感情的アンバランス／神経過敏、またはつながっていないこと

第9章

オレンジ

第10章

ピンク

特質：完全であることと無条件の愛
シャドウ・サイド：自己批判／他者への判断

第11章

ミントグリーン

特質：熱意、変化、生命力

シャドウ・サイド：活動しすぎること／不安／不健康

カバーデザイン　takaoka design
翻訳協力　山田純子
校正　麦秋アートセンター
本文仮名書体　文麗仮名（キャップス）

序文　色と自己啓発への情熱を融合！「カラーの魔法術」完全ガイド

本を書くことは、深遠でかつパワフルな経験です。とても多くの人たちがこのプロセスの一部となり、彼らの名前のほとんどは謝辞に記載されています。中でも特に一人の人について、あなたが読み始める前に、触れておかなくてはなりません。

私の夫であるデイビッドが、私と一緒にこの本のすべてを書きました。私たちは何年にもわたり協力して、直感ライフコーチとしての私の能力と、色と自己啓発への情熱を融合するコンセプトとプロセスを作りました。

本の表紙に彼の名前は印刷されていないかもしれませんが、彼の魂、ハート、そして声は、すべてのページに織り込まれていることを知ってください。

デイビッド、あなたはきらきらと輝いて才能があり、毎日共に仕事をすることは光栄です。20年間のセッションを、完全で徹底した作品に変える手助けをしてくれて、ありがとう。

愛しています。

序章

色のエネルギーパワーを活用して人生に変化を起こす！
奇跡のカラーマジック・マスターコースへようこそ

幼少から進化してきた私の第三の感覚／サイキック能力

私は新しい検眼医のオフィスに座って、目の検査を受けていました。検眼医のデスクの後ろの壁は一流の卒業証書、高級な認定書、優秀さの証明書で覆われていました。高校を中退して一般教育修了検定で資格を取った者として、私はいつもそのような伝統的な高い教育を受けている人に感銘を受けます。視力検査のための文字のリストを読み上げた後、彼女は私の目に目薬をさして私の目を広げ、私は居住まいを正しました。

「ドゥーガル、あなたの瞳は今大きく開いていることを覚えておいてくださいね。この検査の後数時間は、光に敏感になります」

君はその半分しかわかっていない。君が思っているより事態はもっと深刻だ、と私は思いました。次に彼女は、彼女が知っておくべきことで、普通ではないものを私が見たことがあるかどうか尋ねました。

「えーと、そうですね、普通ではないって、どんなものですか？」

「斑点、点、線、または物理的に存在しないものが日中見えた、などです」

やれやれ。これは、サイキックにとっては論議を呼ぶ質問です。

私は目の検査とコンタクトレンズの処方を新しくするためにそこにいただけです。でも、直感ライフコーチとしてあなたが生計を立てていたら、「最近何か変なものが見えたりしますか？」というただの質問にだって、この医者が聞き慣れた答えは出てこないでしょう。そして実際に答えたら、彼女は、どう考えたとしても私は気が狂っていると思うでしょう。

どこから始めましょうか？　この1週間で、直感的な仲間のまわりにオレンジ色の光を見たし、成功した作家の腕を覆う深い緑のオーラや、弁護士の頭のまわりに青いエネルギーの光が浮かんでいるのも見ました。今日は医者の待合室で、受付係の腕のまわり中に不透明な濃い青色の光が見えました。これは、彼女は〝夫が浮気をしていると疑っている〟と私に語っています。私の検眼医の肩の前にはゴールドのエネルギーのきらめきがあり、彼女はこのオフィスを去って自分で開業することを考えていると私に告げています。

「いいえ。普通じゃないものなんて何も見えません！」

検眼医は新しい処方箋《しょほうせん》をくれて、私は帰途につきました。

毎年この時期にこの質問をされるたびに、私の脳の一部でこの疑問がわいてきます。**この20年間私が見てきたオーラやエネルギーが、単なる乱視のせいだったらどうなるんだろう？　キャリアと仕事のすべてを、誤診された眼の問題の上に築き上げるなんて、想像できるかな？**

私の両親は、私がまだよちよち歩きの子供の頃、「ベビーベッドの上に色が見えるとよく言っていた」と教えてくれました。そのことは覚えていませんが、でも5歳のときに、ダシャンという名前のピンクの光の球の友達がいると公表したのは覚えています。両親は私の「活発な想像力」をサポートしてくれてはいましたが、このときは父が母を引き寄せて、彼女のヒッピーの友人が、私に大人用ブラウニー（妖精）を間違って与えたのではないかと、絶対に尋ねたと思います。

とても小さいころから、私は人のまわりに色のエネルギーを見ることができました。でも最初は、このエネルギーに囲まれている人々にとってこれが何を意味するのかは、理解できませんでした。オーラの色が見えるのは最初は単なる楽しい趣味でした。初期のリーディングでは、クライアントに彼らのまわりに何色が見えるか告げてはいましたが、見えた色の真の洞察は提供していませんでした。それはまるで、新しいアルファベットの単語は読めるけれど、言葉そのものは理解していないようなもの。でもこの新しい言語を探求し続けるにつれて、この言語はびっくりするようなやり方で私に語りかけるようになりました。スピリットから受け取ったメッセージに磨きをかけるのに、クライアントとワークして18年間という年月がかかり、さらに今も毎日色のパワーを活かすことについて学び続けています。

長年にわたって色のエネルギーとのワークが進化するにつれ、私は子供のとき以来の経験について、科学的な説明があるかもしれないことも学びました。私は、共感覚の兆候を示しているると言われてきました。これは、ある感覚（例えば視覚）が第二の感覚（例えば音や味覚）を自動的で無意識に刺激することです。基本的に共感覚は、2つの感覚が普通ではないやり方で重なり合ったときに起こります。共感覚は、音楽を見て、写真を聞き、特定の言葉を味わうこと、というように言い表せるでしょう。

私の場合は、あなたの声を聞くと、結果としてあなたのまわりに色が見えるのです。もし私の仕事と私がクライアントのためにしてきた数えきれないリーディングがなかったら、私の色を聞くという経験は、使われることはなかったでしょう。直感的であるということは、第三の感覚、つまりそれぞれの色を感じること、またはそのエネルギーとつながる機会を私に与えてくれました。共感覚によって、なぜ私の見る色が、伝統的なサンスクリットのチャクラの色や他のカラーセラピーのアプローチとは違う意味を持つのかが、説明できるかもしれません。それぞれの色が私に一貫した特性を示します。私の定義がベストだとか、色を解釈する唯一の方法だと言っているのではありません。あなたが様々なアプローチを使って、色の理解を探求することを私は奨励しますが、これが、私が人々のまわりに見える色のエネルギーを解釈するやり方です。

私がクライアントと個人セッションをするときどのように色を活用するか、ここで簡単に説明したいと思います。誰かの声が聞こえるとすぐ、私には輝きが見え始めます（彼らの身体のまわりに実際に見えるか、または電話セッションの場合は心の目で見えます）。その人の声を聞いたときに見えるのは、その人の現在のエネルギーの色か、またはもっと深い、その人の魂の色だと私は信じています。私はまず初めにこの色の特質がどんなものかを説明し、次に直感を使って、この色がクライアントの特定の人生の道にどのように対応しているかに焦点を合わせます。

本書は、世界中のクライアント数千のオーラ情報の集大成

この本の私の目的は、私が何年もかけて集めた色についての情報を、あなたが自己成長のための道具として使えることを願って、伝えることです。私のアプローチを活用するために、直感を使った経験が必要というわけではありません。どんなレベルも歓迎します！　あなたがエネルギーとオーラという考え方を信じているのは素晴らしいことです。あるいは、もしあなたが、エネルギーと情報を異なったやり方で処理する脳を持つ人に興味があるだけだとしても、それも偉大なことです。あなたが何を信じるかにかかわらず、この本にはあなたが色のパワーを知ることのできる、歴史的、科学的、文化的な参照がたくさん載っています。

私のサイキック現象への強い興味は、他の子供たちが野球やバレエに興味を持つのと同じくらい簡単に、私のところへやって来ました。私にとって世界で最も興味深かったのは、スピリチュアリティや超自然現象と関係があるものすべてでした。何年もセラピーを受け、自分の人生の旅を健康的に調査した後、この強い興味は今私にとって、完璧につじつまが合います。7歳から19歳くらいまで、私はかなりの感情的痛みを抱えていました。私の姉は16歳のとき白血病と診断され、家族全員が心の芯まで揺さぶられました。両親の結婚は悲惨なもので、離婚の

プロセスを進み始めました。私は非常に保守的な町で育ち、自分が同性愛者であると意識することに深いところで苦しんでいました。さらに深い闇の秘密は、私が家族の友人に性的虐待をされていたということでした。私は人生で経験するすべてのいいことと悪いことの背後には、目的、意味があると感じて、それを是が非でも知る必要がありました。

複雑に聞こえますよね？　私は本当に自分の心理的な痛みがとても深かったので、当時は自分をなだめてくれる何かに集中する必要があったのだと信じています。瞑想《めいそう》、タロット、チャンティング、またはチャネリングのようなものは、私を痛みの外に連れていってくれたので、とても惹《ひ》きつけられました。私は、痛みに関わらないためのスピリチュアルな形を創り出しました。今日学校でいじめられた？　じゃあ、瞑想して吹き飛ばそう。ママとパパはまた喧嘩《けんか》しているの？　守護天使たちからメッセージをもらってみよう。スピリチュアルな本を読めば読むほど、私はどんどん心を奪われました。非常に不確実な状況の中で、他人や自分の未来を予測できるという考えは、私を平和な気持ちにしてくれました。自分自身や他の誰かを痛みから救うことが私の使命となり、すぐに色は私のヒーリングプロセスに不可欠な道具になりました。

成長して10代になった頃には、私はかなりいい線を行く腕前のタロットカード・リーダーになっていました。私は直感的スキルを磨くことに完全に専念していました。機会があるたびに、コース、ワークショップ、リトリートにも行きました。16歳だったので、私は必ずしもこのような種類の経験のターゲット層ではありませんでした。それにもかかわらず、私は主に40代、50代のスピリチュアルな女性の新しいコミュニティに、完全に歓迎されサポートされていると感じました。
同時に私は自分のクライアントのまわりにオーラを見続け、その特質についてのメモを取り続けました。私が見た色は、私のクライアントたちに極めて特定の性格の特徴として、はっきり現れていました。私は、チャクラを含む色のエネルギーの確立した方法を勉強しました。私はそれらを学ぶことが好きですし、尊重しています。でも、私がとくに興味をそそられたのは、私の色のエネルギーの定義が、伝統的なサンスクリットのチャクラの定義と違うことがよくあった、ということです。当時私は、これがどういうことを意味するのかわかりませんでした。でも、観察を続けました。

10代後半までに、私はニューエイジのコミュニティに完全に没頭し、少しずつ名前が売れ始めました。20年近く経った今、私の仕事と信念体系が、他の人の苦痛のみならず私自身の苦痛もどれほど変えてくれたかということに、とても感謝しています。この本で私がシェアするレッスンはすべて、実際に試され、多数のクライアントと私自身の個人的な経験から有効であるとわかったものです。

色のパワーを利用することは、誰にでも有効です。私はかつて人々のまわりに見える色を彼らに伝えて日々を過ごしていました。彼らが自分の名前を言ったときに見えた色を説明し、次に彼らが仕事や恋愛について話したときに、これらの色がどのように変わるかを観察したものです。でも、世界中のクライアントのまわりの、文字通り数千ものオーラを見てきて、私は、それぞれの色に関連するパターンと性格の特徴が、はっきりと繰り返し現れることに気づき始めました。自営業者のまわりには、皆黄色やゴールドの色があるのはなぜでしょう？　誰かが裏切られた場合、どうしていつも特定の青の色調が見えるのでしょうか？

私はカラーセラピー、瞑想、カラーヒーリングのコースを取って、自分の研究を拡大しました。色のエネルギーについてもっと知りたかったので、数えきれないほどの本を読みました。そこで私が気づいたのは、チャクラやオーラの色へのアプローチのほとんどが、各色の特質について述べるに留まっていて、実際にそれぞれの色のエネルギーを呼び出す方法や活用する方法について、実践的なアドバイスは提供していないということでした。これを念頭に置いて、クライアントのまわりに見えたものについて定期的にメモを取り、彼らが特定のエネルギーを高める必要がある場合には、特定の色をどのように使うといいかについて提案しました。私がクライアントのまわりの色を知覚することで、彼らの強みや、またどの色を使えば彼らの否定的な状態・特質を最小限にできるかもわかった、ということです。この新しい言語を長年リーディングした後、ようやく私は深い理解を得ることができるようになりました。このようにして、本書『カラーマジック』（原題　**ユア・ライフ・イン・カラー**）は生まれました。

色はクライアントと情報にアクセスするための〝私への言葉〟になっただけではなく、あなたが必要なときにいつでもあなたと共有できる、パワフルな恩恵も提供してくれました。私たちは皆、直感力を持って生まれてきます。これらの色は、あなたのエネルギーに、**あなたの望み通りにパワフルな変化を起こすための道具を提供します。**

宇宙から無限に降り注ぐ色のメッセージにつながるために必須のこと

この本は色との私の直感的な経験に焦点を当てていますが、あなたがこの本にインスパイアされて、自分自身の持って生まれた直感を探求して発展させてくれるように願っています。直感的な能力はしばしば才能だと言われますが、私はその説明が本当に好きではありません。「才能」を持っている誰かという考え方は、私たちとは違う、あるいは私たちより優れた誰かというイメージを私に呼び起こします。

私は、本当に私たちすべてが直感で祝福されて生まれてきたと信じているのです。残念なことに、私たちの多くは若いときから、直感を信じるように奨励されてはいません。ほとんどの人は、ほぼすべての領域でガイダンスを自分自身の外側に探すようにと教えられています。私たちの直感的な輝きは私たちが自分のパワーを明け渡すたびに弱まり、ついには、直感など全く持っていないと思ってしまうほど、かすかになってしまいます。でも、真実は、いつもそこにあり、私たちの生命力に本来備わっている部分であり、目覚めさせられるのを待っているのです。

専門家からの洞察を得ることは確かに有益ですが、どんなことでも何か最終決定をする際には、自分の直感に常に耳を傾けるべきです。強い直感力とは、意味のあるやり方で、他の人のエネルギーとつながるために必要な時間と労力をかけて得られた結果です。あなたの姉妹の名前が魔法のようにわかってしまうサイキックにリーディングしてもらうのはエキサイティングかもしれませんが、一番大切なのは、彼らがあなたの姉妹との関係にもたらす洞察です。彼らが受け取った情報が真実だと響くなら、あなたの利益のために使用してください。そうでない場合は、それを捨てて前へ進んでください。私の友人のアラン・コーエンは、このことについて「ベストを取って、残りを置いていきなさい」と言っています。**あなたは他のどんな人とも同じ洞察にアクセスできます。その内なる声を増大させる**、というだけのことなのです。

　私たちの直感的な能力は他の筋肉と同様に強化することができます。私はワークショップで、オーラを見ることについて教えていますが、他の人のまわりに色のエネルギーを見ずに参加者がワークショップを去ることは、文字通り決してありません。エクササイズの管理方法にコミットする（積極的に関わる）と、誰もが自分個人のベストな状態になることができます。

　私たちは若いころから、外部の情報源からアドバイスを求めるように教えられているので、多くの人は直感を磨くことをしません。もし私たちが直感を才能だと考えるなら、それは実際自分でコントロールできるものではありません。ガイダンスを求め外に目を向けるほうがはるかに簡単ですが、実際には、あなたが受け取る最も正確なサイキックリーディングは、あなたの内側からやって来る可能性があるのです。

　私たちは皆才能を持っていると、私は思っています。もしくは、もっと重要だとも言えますが、才能があるという言葉を、つながっているに置き換えてみてはどうでしょう。私たちが住むこの魔法の惑星はエネルギーに囲まれており、宇宙からの色のメッセージで覆われています。もし私たちのうちほんの一部の限定された人しか、他の誰よりも深いレベルで、そのエネルギーを見たり、聞いたり、知ることができないのなら、私には奇妙に思えます。

医者、弁護士、探偵、投資家として、またはその他どんな職種でも成功するためには、私たちは直感的な能力を活用しなくてはなりません。あなたは直感のことを「感覚」とか「予感」と呼ぶかもしれませんが、私にとって「サイキックである」ということは、単に自分が実践と数千人ものクライアントを見ることを通して、直感の筋肉を発達させたということを意味します。それは、週に2回エクササイズをする人と、パーソナル・トレーナーをしている人の違いのようなものです

あなた自身の魂がGPSで、それを使って宇宙のどこに自分がいるかを意識的に知り、すべてのより高い知恵と理解につながることができるとしたら、どうでしょうか？　私たちがそれぞれ独自の内なるガイダンス・システムを持つなら、色は私たちの人生の地図上で、向かうべき住所として役立ちます。あるいは、それぞれの色が、私たちが行く必要のある、地図上の特定の場所を見つける助けをしてくれます。リーダーシップの資質をもっと欲しいですか？　紫に向かって道を進みましょう。自己愛を高める必要がありますか？　シートベルトを締めて、ピンクに向かってください。

この本は単に色のエネルギーを理解するだけのものではありません。私の究極の意図は、**色を触媒として使って、ポジティブな変化のためにあなたの可能性を拡大すること**です。今あな

たが手にしているものは、最高で、最も大胆な、そして最も輝くバージョンのあなた自身を活性化《アクティベート》するためのガイドです。良い魔女のグリンダが映画「オズの魔法使い」で語ったように、**あなたはいつもパワーを持っていました**――ただ、自分でそれを学ばなければならなかったのです。

あなたのサイキックを目覚めさせる究極の実用テクニックを始めましょう

私たちが共にする旅は、まず私がそれぞれの色のエネルギーを活用していくプロセスの概要を説明することから始まります。私はこれを色のアクティベーションと呼んでいます。でもこれは始まりに過ぎません。それぞれの章で、一つずつ色を探求し、そのエネルギーがあなたとあなたの環境にどのように影響するかを見ていきます。色の歴史的、文化的、科学的、宗教的な関連性まで掘り下げて、私が見る特質とどのように一致するかを見ていきます。自分の人生での様々な例を伝えるだけでなく、ポジティブな人生の変化を起こすために色を使ったクライアントの方々についてもお話しします。ところで、ここで、私とワークしながら経験をシェアすることに同意してくださった多くのクライアントに感謝したいと思います（当然のことですが、幾人かは、それぞれのストーリーが個人的な性質を持つため、名前を変更して使うことを依頼されました）。それから、私がクライアントに試してきた一連のテクニックを通して、あなたの人生に色を取り入れる方法について、段階的なやり方の説明をしていきます。エクササイズ、アファメーション、ビジュアルを使った瞑想、色の小道具などを通して、あなたの人生で色をどうやって活性化《アクティベート》するかをお見せします。すべてのテクニックは、あなたの人生を向上させる、パワフルで実用的な道具になるようにデザインされています。この情報をあなたとシェアすることに、私はとてもワクワクしています！

さあ、始めましょう。

第1章

あなたと色をどうやって活性化《アクティベーション》するか？
主要10色のカラーエネルギーとつながる具体的な実践プロセス

本書の目的は、色への直感力を高めてエンパワー（能力開花）させること

色のアクティベーションは、それぞれの色の持つエネルギーを活かすプロセスです。色を活性化《アクティベート》することによって、色の特性を受身的な傍観者として観察することと、実際にそのエネルギーを自分たちのために日々活用することの間にあるギャップの橋渡しをします。これは、テレビで料理番組を見ることと、実際に自分で料理することの違いにたとえることができます。誰かが料理をするのを見ていることは楽しくて興味をそそられますが、自分で料理をして食べるということは3次元的な実体験です。

色を活性化することに、堅苦しい鉄則はありません。私たちは皆違う感覚を持っていて、得意な感覚もそれぞれ異なります。ですから、あなたにとって色のアクティベーションのもっといいやり方が見つかったら、素晴らしいです！　ここでの私の究極の目的は**あなたをエンパワー（能力開花）すること**ですから、これらの概念を学んで、自分自身のものにしていってください。

私の提供するアプローチは、色のアクティベーションの方法の包括的な紹介ですが、私のクライアントから提案された素晴らしい選択肢もいくつか取り入れました。長年にわたり様々なテクニックを試した中で、一貫してうまくいくものも発見したので、それをこの中に入れまし

た。様々なエクササイズは色ごとに変わるものもありますが、色のアクティベーションの基本原則はいつも以下のように要約されます。

最初はエクササイズすべてを試してみて、それから、どれが一番あなたに共鳴するかを判断してください。それぞれのエクササイズには、あなたがそれぞれの色にどのように反応するかを自分で診断するステップがあります。もう一度言いますが、私の目的はあなたの色の直感をエンパワーすることです。ですから、あなたにとってよりうまくいくプロセスがあるのであれば、それに敬意を払ってください。

注意：この本の中で白だけは唯一エクササイズがありません。私がこの章でエクササイズを省略した理由は、あなたに全体的なアクティベーションのプロセスに慣れ親しむことにフォーカスしてほしいからです。基本的にあなたは〝新しい色の言語を話す〟ことを学んでいます。私はその最初の一歩を、できるだけ簡単に取り入れることができるようにしたかったのです。このようにして色とワークすることに慣れてから、さらに複雑なエクササイズに進みましょう。

色を活性化する5つの実践カテゴリー&ワークとは？

各章ごとに新しい色にフォーカスし、その色のアクティベーションが載っています。まず最初は、それぞれの色に7日ほどかけてワークすることをお勧めします。でも究極的には、自分にぴったりだと感じるペースで進んでください。すぐに飛び回って毎日違った色とワークしてみたい、そんな風に心がそそられるかもしれませんが、自分自身のエネルギーと意識に起こるシフト（転換）を観察することに慣れる必要があります。覚えていてください。ここではあなたは基本的に新しい言語を学んでいるのです。1回につき一つの色にフォーカスすることで、それぞれの色のエネルギーの微細な質を完全に理解するチャンスを得ることができます。

色のアクティベーションには次のカテゴリーがあります。

1. **スピリチュアル・アクティベーション**：このアクティベーションにはエクササイズと瞑想が含まれます。これは、意図を明確にして、あなたの魂と、あなたがワークしている色とのつながりを、確固としたものにするためです。

2. **ユニバーサル・アクティベーション**（直感の目で「スパイする」）：「スパイする」とは、家族で車で遠出するときなどに、暇つぶしにする子供の遊びです。

この遊びでは、例えば「オレンジ色のものを見つけた」とあなたが言うと、皆あなたのまわりを探して、その色のものを見つけて遊びます。ユニバーサル・アクティベーションは、この遊びと同じで、あなたのまわりに特定の色を探しますが、このアクティベーションであなたは、宇宙があなたの意識を目覚めさせ、特定の色からの合図を通して、あなた自身の側面を自動調整することを許します。何をするかというと、普段、色が繰り返しあなたの注意を引き始めるのを観察します。合図を見つけることを学んでしまえば、ユニバーサル・アクティベーションで、メッセージとガイダンスを楽しく受け取ることができるようになるでしょう。最も素晴らしいのは、あなた自身のハイヤーセルフからメッセージを受け取るようになるということです。直感の筋肉を強くして、いつどんなときでも、あなたがフォーカスする必要があるのは何か、わかるようになるのです。

　これらのアクティベーションに加えて、各章には、色を活用する助けになる次のツールが含まれています。

3. **カラーアファメーション**：カラーアファメーションは、言葉を使って、あなた自身をそれぞれの色の持つエネルギーと意図に一致させるやり方です。

4. **物を使ったアクティベーション**：このアクティベーションでは、色の小道具という重要な概念を使います。色の小道具とは、一日中それを見たり触ったりできるように、自分のまわりや身体の上に意図的に置く物です。色の小道具は、あなたがその色を思い出して、その色のエネルギーを築くのを助けてくれます。

5. **シャドウ・サイド《影の面》**：タロットカードに逆位置《リバース》があるように、それぞれの色は一連の逆の特性を持っています。何かの色に特別嫌な感じを抱いたら、その色のシャドウ・サイドの解説を見てください。耳を傾けるべきメッセージがあるでしょう。

ここで触れたそれぞれのカテゴリーは、以下に詳しく説明されています。本書とワークして、様々なアクティベーションのプロセスに慣れ親しむことにフォーカスしてください。妥当な目標は、７日間のあいだ、少なくとも一日に一度は色を活性化《アクティベート》することです。

あなたが最も必要としているエネルギーによって、特定の色がとても安全で親しみを感じられ、他の色は不慣れだったり少し心地が悪く感じられるかもしれません。このような反応は全く正常で、色と実験を続けるにつれて進化する可能性があります。それぞれの色にあなたの身体と感覚がどのように反応するか、注意を払ってください。私は色とワークするときは個人的に日記をつけ、色との変化する経験を書き留めます。自分の反応を意識していると、バランスを取るために生活にどのエネルギーがより多く（または少なく）必要かということについての貴重な情報を得ることができるでしょう。

アクティベーション・ノート

質問で始まる現在の自己エネルギー診断

全体のアクティベーションのステップは同じですが、それぞれの色にはユニークなアクティベーション・ノートがあります。ノートはその色のエネルギーとあなたの関係に関連する質問で始まります。この質問を自分自身にすれば、人生のその分野に関するあなたの現在のエネルギーを評価する助けになるでしょう。私たちは皆常に変化し進化しています。ですから、自分の現在のエネルギーを自己診断したいときは、いつでもこれらの質問に戻ってくることをお勧めします。そうすればその色と自分の関係について貴重な洞察が得られ、人生で調整が必要な分野を知る助けになるでしょう。

実用的な考え方ができるようになる、自分の最も深い感情の核心につながる、リーダーシップスキルがエンパワーされる、クリエイティビティ（創造性）が解き放たれる、といったことは、あなたが色を通して高めることのできる、ポジティブな特徴のいくつかに過ぎません。これは、あなたが利用したいエネルギーのボリュームを、ただ上げるというだけなのです。

自己診断の質問に加えて、あなたが熟考できるようにノートにはそれぞれの色の質についてさらなる見解が載っています。プロセスのどの部分に関してでも、説明が欲しいときはこの章に戻って参照してください。

スピリチュアル・アクティベーション

自分の核心はエネルギーであることを思い出すワーク

「私たちは人間の経験をしているスピリチュアルな存在です」という言葉をよく聞くかもしれません。でも、私は朝1杯目のコーヒーを飲み終わるまでに、このことを忘れている傾向があります。現代の生活は、日々たくさんの魅力的な誘惑に満ちています。注意していないと、午後スマフォをして過ごしてしまうこともあり得ます。私の核心はエネルギーだと、定期的に自分に思い出させる必要があります。

これから述べるビジュアル瞑想は、私が個人的に使っている瞑想で、クライアントにも勧めている瞑想です。でも心配しないでください。瞑想の効果を得るためには、一日30分瞑想するようになどとは要求しません。実のところ、このスピリチュアル・アクティベーションは、あなたが必要なだけ時間をかければよく、長くても短くてもいいのです。以前私は、スピリチュアルな人になるためには、毎日少なくとも30分創り出して蓮華座に座らなくてはいけないと思っていました。あなたはどうかわかりませんが、私にとっては、こんなに長い時間絶対的なマインドの静けさを定期的に維持することは、現実的ではありません。

私は、ダライラマでさえ、瞑想中にマインドのおしゃべりを聞くことがあると信じています。彼のマインドのおしゃべりは、私のマインドのおしゃべりのように、カリフォルニアのサンフェルナンド・バレーの女の子のようには聞こえないとは思いますが、でもそれだって誰にもわかりません。かつて私は、そわそわして落ち着かないと感じていなければ、正しく瞑想していない、とさえ思っていたぐらいでした。でも、保証します。正しくすれば、あなたのスピリチュアルな練習は喜びとなるでしょう。

朝1回瞑想すると、心の落ち着きやバランスが良くなるということを私は発見しましたが、その日の出来事が起こるにつれ、その効果は消えていってしまいます。そこで、素早くできて効果的な短いテクニックを、私は試し始めました。

一日のうちいつでも、瞬時に気づくことで集中できて、自分のエネルギーをクリアできるようになりたいと思いました。私の意図は、ほんの数分で身体を浄化し魂を活性化してくれる、気持ちのいい熱いシャワーと同等の瞑想的なものを創ることでした。熱いシャワーは、メンタル面の健康、身体の健康のどちらにとっても大切です。これは、私が全く疑問を持たずに行うことができる儀式です。実際に私がシャワーを浴びる時間はまちまちです。休暇中は時間をかけてシャワーを浴びるかもしれませんが、仕事の日はシャワーに飛び込んだと思ったら、すぐに出るかもしれません。どちらにしても、身体はしっかりきれいになります。

これと同じ意図を、このアクティベーションに持ってください。でも、あなたの魂のために、どれくらいの時間が自分に必要かについては、自分を裁かないでください。もしこのプロセスに10秒自分を開くことができたら、それは素晴らしいことです。一日に10秒の静けさを持てたということは、多くの人々が持つ静けさよりも長いのです。もし30分できるなら、絶対的にすごいことです。今できることをして、そこから積み上げていってください。

基本となるスピリチュアル・アクティベーション・エクササイズ

初心者は同じ色と数日間ワークして、プロセスに慣れることをお勧めします。色とワークする日は、30秒、または自分が必要なだけ、スピリチュアルなやり方で色を活性化《アクティベート》します。

私のプロセスはとてもシンプルです。私は何年も前に瞑想の学校で、エネルギーは思考に従い、思考はエネルギーを方向付けるという基本原理を教わりました。基本的には、あなたがフォーカスする思考が、あなたの意識と魂にシフトを創り出します。私はこの考え方が、それぞれの色のメッセージを本当に吸収することを助けてくれるので、取り入れました。次に書かれた手順には、どの色を使うかという記載はありません。このステップにいつでも戻り、その時々にワークしている色を使って、行ってください。

1. ゆったりと心地のよい姿勢で座りましょう。

目を閉じて深呼吸を数回し、意識を頭の約15㎝上に向けます。呼吸をしながら、そこにソフトボールくらいの大きさの光の球体があるのを想像しましょう。この光の球体は、あなたがワークしている色の球体です。

あなたの人生には、あなたよりも大きな存在がいるということを思い出させてくれるように、この光り輝くエネルギーを身体の上に想像しましょう。

この球体を身体の上に想像したもう一つの理由は、宇宙から特定のエネルギーを呼び出して、この色の球体を導管として使い、あなたの身体を通して下に降ろしていくからです。

2. 光の球体が心の目ではっきりと見え始めると、この球体があなたの呼吸に合わせてだんだんと大きくなり、脈打っているのに気づくでしょう。この脈動はあなたのハイヤーセルフです。あなたは導かれて守られているということを、肉体を持ったあなたという存在に、思い出させてくれています。

神、愛、光、アラー、ハシェム、ブッダ、宇宙――どんな名であなたが呼ぼうとも。

私は、私たちのまわりに存在する高次のパワーのことを言っています。

私たちは、肉体よりもずっと大きくて、驚くほどの存在なのです。

3．さあ、次に心の目で、光の球体が急にきらきらとはじけて、あなたというすべての存在を、輝けるまぶしい光のシャワーで洗っていくのを見ましょう。
この光のシャワーは、あなたの頭を洗いながら通り、喉《のど》を通って、肩に広がり、腕を流れ落ち、手のひらから出ていき、あなたを温めてくれます。このエネルギーを、あなたの肉体すべてに降ろし始めているのを感じましょう。

光はあなたの胴体を下りて、ウエストと腰まで広がります。そしてさらに、あなたのもも、足、足首を洗い流していきます。

最後に光は、足の裏から勢いよく流れ出して、地中深くに入っていきます。

（注：椅子に座ってするときは、足は組まず足裏を床につけましょう。そうすることで、エネルギーが足から流れ出ていくのをしっかりとビジュアライズ（視覚化）しやすくなります。でも、なかには瞑想用のクッションに胡坐《あぐら》をかいて座ることを好む人もいます。あなたもそうである場合は、エネルギーが足の裏からではなく、背骨の下から流れ出るように、ビジュアライゼーションの映像を変えてください）。


色のエネルギーを活性化《アクティベート》するこのシンプルな行為は、あなたの魂の奥深くで何かを引き起こすでしょう。この考えは多くの宗教に反映されています。例えば、規則を守るユダヤ人男性は、創造主が彼らのことを見ていると思い出すために、ヤームルカという帽子をかぶっています。あなたの身体の上に注意を向けることは、あなたの人生で今何が起こっていようと、それよりも大きな目的があるということを、あなたに思い出させてくれるでしょう。

スピリチュアル・アクティベーションを使うときは、それぞれの色はいつも頭の約15㎝上に、ソフトボール大のまばゆい光の球体としてあります。チャクラ・システムに慣れている私のクライアントの多くは、これを独特だと思うと言います。なぜなら、それぞれのチャクラの色は、特定の身体の部分に伝統的に関連付けられているからです。誤解のないように書きますが、私はサンスクリットのチャクラと瞑想のあらゆる形を深く尊敬しています。私のテクニックは、何か特別なシステムを否定するものではありません。ただこのやり方が、私にとっては有効なのです。

私は16歳のときに瞑想を幅広く勉強し始めました。私が出会ったほとんどのテクニックは、背骨の下にフォーカスして上に向かい、最後は愛のエネルギーを宇宙に向けると示唆していました。でも、あなたが想像するように、宇宙は愛のエネルギーであふれています。この地球という惑星に住む私たち人間が愛に関して貧血症で、愛に満ちたエネルギーを注いでほしいと必死に求めている存在なのです。そのため、私たちは頭の上から始めて下に降ろします。

このビジュアル瞑想で、それぞれの色は頭の上のほぼ同じ場所に思い描きます。次にそのエネルギーを身体を通して降ろし、色の質を私たちのエッセンス中、均一に根付かせます。そして最後のステップで、このエネルギーを足裏から押し出して、私たちを地球に深くグラウンディングさせます。このように、私たちは瞑想を使って、私たちのスピリットだけでなく地球にも滋養を与えることができるのです。

ユニバーサル・アクティベーション

宇宙エネルギーと遊ぶ感覚で！　直感の目で「スパイする」方法とは!?

ユニバーサル・アクティベーション（直感の目で「スパイする」）は楽しいアクティベーションです。愛に満ちた宇宙のエネルギーと遊び、それが私たちにどこにフォーカスしてほしがっているかを見ることを可能にしてくれます。私たちは一日中癒《い》やしのメッセージを浴びていると私は信じていますが、私たちのほとんどが忙しすぎるか気が散っていて、それに気がつきません。それらのメッセージを主体的に受け取る方法はあり、このエクササイズは、それらのオーガニックな探し方を教えてくれるでしょう。ユニバーサル・アクティベーションを経験するには２つのやり方があります。

1.　意図的なもの：ここでのあなたの目標は、自分がワークしている色がどんな色でも、その色にマインドフルでいて、平均的な一日の中でどのくらい頻繁にその色に気がつくかに注意しているということです。そうすると、そのエネルギーのさらなる後押しを受け取ることができます。例えば白を使うとき、朝、その日一日中白のエネルギーから、サポートに満ちたサインを受け取りたいと意図するとしましょう。

その後車に乗り仕事に向かいます。赤信号でたまたま隣の車を見ると、運転席に座っている女性は白の帽子をかぶり、大きな白いサングラスをかけているのに気づきます。このように目で見えるサインを、自分の人生にもっとスピリチュアリティと明晰《めいせき》さを取り入れるという、あなたの意図の確認として使うことができます。

そしてあなたは仕事場に着き、朝のミーティングに行って、あなたの上司が新しいマニキュアをしているのに気づきます。彼女の爪は白に塗ってあります。この瞬間、あなたはこの出来事を偶然の一致として片づける選択もできるし、または白のエネルギー（明晰《めいせき》さとスピリチュアリティ）のさらなる後押しとして受け取ることもできます。

宇宙は、あなたはこのエネルギーを活性化《アクティベート》したこと、あなたは好きなときにいつでもこのエネルギーを取り入れることができるということをあなたに思い出させているのです。私はこのことをよく、**意識的な瞑想と呼んでいます。色を認識するこれらの短い瞬間は、非常に忙しい日でも、自分の中心に戻ってくる助けをしてくれます。**

2. **自然発生的なもの**：このアプローチでは、どんな色のエネルギーからもメッセージをオープンに受け取り続けるという、継続した意図を設定します。この意図を書き留めてどこか目に見えるところに置くか、または一日の始まりにこの意図を思い出すようにしましょう。

このようにすることで、**宇宙が、いつでもあなたが一番必要としているエネルギーを**

持つ色を、強調してくれるようになるでしょう。もしどこを見てもピンクに目が行くとしたら、あなたのハイヤーセルフが、自己批判を減らして自分にもっと親切になる必要があると伝えているのかもしれません。このようなやり方で色とワークすることに慣れていくと、自分自身と自分のスピリットを大切にするベストなやり方について、メッセージを受け取り始めるでしょう。私たちの世界は色で満ちています。あなたの必要とするものによって、どの色が飛び込んでくるかに気づくのが、第二の天性となるでしょう。もしあなたのその週の色が現れたら、スマートフォンで写真を撮ってください。そして、その色のサインが増えていくのを見てください。好きなソーシャルネットワークに投稿するときは #YourLifeInColor とハッシュタグを付けてください。そうすれば、私があなたをサポートするチャンスができるだけでなく、あなたのように色のエネルギーを探求している他の人たちとつながることができます。

カラーアファメーション

色の背後にあるエネルギーを繰り返し言うミラーワーク

アファメーション（ミラーワークとしても知られています）は、自分にとってポジティブなメッセージを繰り返して、ネガティブなセルフトーク（自分自身に対して言う言葉）と置き換えることです。このプラクティスは、ルイーズ・ヘイの素晴らしい本、You Can Heal Your

Life（邦題：ライフヒーリング）で有名になりました。私は10代のときこの本を買い、それ以来この本は、私が自分で作ってしまったたくさんの限界を克服するのを助けてくれました。このアイデアに私はカラーアファメーションを加えて工夫しました。あなたがワークしている色の背後にある意図したエネルギーを、繰り返して言うのです。例えば、ゴールドと一緒に使うカラーアファメーションは、「私はパワフルです。私は自分自身の光の中に立っています」です。

ミラーワークをしたことがない場合、鏡を見て自分にポジティブなメッセージを繰り返すのは少し普通ではないと感じるかもしれません。でも、自尊心で苦労している私たちは、自分についてのひどいストーリーを絶え間なく繰り返しながらこの惑星を歩いているのです。カラーアファメーションは、ネガティブな思考パターンをもっとポジティブで実りの多いメッセージに置き換える、パワフルなやり方です。最も素晴らしいのは、生活の中でその色を見るたびに、これらのメッセージが増大するということです。

鏡を見て自分に向かい、カラーアファメーションを声に出して数回繰り返しましょう。言いながら自分の目を深く見てください。私個人は、アファメーションを自分に向かって何回言う必要がある、というような回数があるとは思ってはいませんが、それぞれの色とワークするとき、一日に何度も言うことをお勧めします。アファメーションを言えば言うほど、あなたの意識に浸透します。

物を使ったアクティベーション

色の小道具を楽しく活用するワーク

色の小道具は、特定の色のエネルギーを意図的に拡大するために使う実物の品物です。この本全体を通して、各色のところで述べています。物を使ったアクティベーションは費用対効果がとても高いやり方で行うことができ、目にも楽しいやり方です。すでに持っている物を使い、自分にしかできない色の経験ができるというところも、私は気に入っています。もしかしたら、あなたはもうすでにお気に入りのグリーンのシャツを持っているかもしれません。ピンクのローズクオーツクリスタルや紫のマグカップがあるかもしれません。色の小道具は、あなたが使っている色のエネルギーを日々のルーティンに取り入れる、楽しい物質的なやり方です。

1. 色の小道具として使う品物を選びましょう。すでに持っている物でも、この目的のために特別に購入した新しい物でもいいでしょう。
2. 色の小道具を手に持ち目を閉じて、色の背後の意味にフォーカスして、色の小道具にあなたの意図を注ぎ込みましょう。その色のアファメーションを唱えながら行ってもいいでしょう。例えば白であれば、「白の光で私は浄化されます」と言います。
3. その色のエネルギーが欲しいときは、いつでも色の小道具に触れて、そのエネルギーを

4. 思い出しましょう。そのとき同時にアファメーションも（声に出すか頭の中で）繰り返し、深く息を吸い込んでその色のエネルギーをもっと取り込みましょう。
高度につながり合っているこの世界では、ソーシャルメディアは色の意識を高める楽しい方法の一つです。この色のエネルギーを広げるために、使っている色の小道具の写真を撮り、オンラインでハッシュタグ #YourLifeInColor をつけてシェアしてください。いろいろな人が、色を通して自分自身をエンパワーしているユニークなやり方を見るのが、私は大好きです。そして私は人と関わるのが好きなので、あなたにも返事をするかもしれません！

最後に、色の小道具について私が個人的に信じていることを、明らかにしておきたいと思います。私は色の小道具を長年使用し、私のクライアントにも色の小道具が恩恵をもたらしてきたのを見てきました。でも、色の小道具が別世界のパワーのようなものを持っているとは思っていません。色のエネルギーをあなたが小道具に注ぎ込むときの意図が、色の小道具をパワフルにするのです。

自分のアクティベーションを観察する

色が現れた回数を記録してリストにしましょう

色とワークしているとき、私は、何回メッセージを受け取ったかを記録する日記をつけます。もしやってみたければ、日記を手に入れて、色が現れた回数をリストにしてください。その色に気づいた瞬間何にフォーカスしていたか、何を感じていたかに注意し、書き留めてください。例えば、

午前11：45　自分のウェブサイトのデザインの仕上げをしていて、休憩中にジェンにばったり出くわした。それまで、ホームページのことでなかなか決断できない自分にイライラしていた。彼女はエメラルドグリーンのセーターを着ていた。メッセージは、自分のクリエイティブな決定を信頼するということ。

その瞬間にどんな気持ちでいたかに気づくことが大切な理由は、その色からあなたへ、あなたが経験していることに関してメッセージがあるかもしれないからです。

シャドウ・サイド（影《シャドウ》の面《サイド》）

ネガティブな反応を引き起こす色を注視する

それぞれの色を活性化《アクティベート》すると、中には本当にいい気分になる色もあるけれど、なんだか心地よくない感じの色もある、ということに気づくかもしれません。これは完全に正常ですし、実はいいことです。どういうことかというと、あなたの魂の現在のエネルギーがコンフォート・ゾーン（安心していられる領域）から一歩踏み出すように、あなたは挑戦しているのです。もしセラピーを受けた経験があれば、話題によっては、話せば成長の助けになると知ってはいても、話すときに痛みや不快感を感じるということを知っているでしょう。この不快感を、私は色のシャドウ・サイドと呼んでいます。

もし特定の色が本当に嫌いな場合、理由はその分野で自分自身にワークする必要があり、そのシャドウ・サイドに光を当てたからだという可能性は十分にあります。宇宙はそんな風におかしなところです。たとえ自分自身のある側面に向き合うのを避けたくても、それは交通標識のようにオーラの中に現れて、私たちが何をする必要があるのかを指し示します。

このことを、全く新しい運動療法を始めたときのように考えてみてください。もし体調不良でスピンクラス（有酸素運動クラス）を取り始めたら、おそらく最初の数日はひどい気分になるでしょう。気が違ったみたいに汗をかいて、息も切れるでしょう。あなたの身体も脳も、拷問はやめてと言うでしょう。こんなばかなプログラムはやめて、テレビでも見たほうが楽しいんじゃない？　と。もちろんそうするのはずっとたやすいでしょう。なぜなら、新しいことにチャレンジするのは、同じ場所にとどまることほど、たやすくはないからです。でも、スピンクラスを単にあと数日やり続けることができれば、身体が慣れてくるでしょう。エクササイズによるエンドルフィン急増の喜びを発見するでしょう。あなたの気分は改善し、より健康になるでしょう。

特定の色が感情を引き起こすのであれば、探求を続けることを強くお勧めします。色に加速されて、ブレイクスルーが近々起きるのかもしれません。

第2章

白

特質：スピリチュアルな浄化と明晰さ

シャドウ・サイド：責任に圧倒されると感じる／がらくたを解放するのが困難

白は宇宙の万能洗浄剤。新たな出発を意図する重要な基本カラー

スピリチュアリティと明晰さの炸裂を提供する白は、宇宙の万能洗浄剤です。私たちは誰でも、家にどんな物の表面もきれいにする製品があると思います。キッチン、浴室、窓にも使え、服についた染みさえ取ってしまうものです！　白には同様の特性があり、私たちのどんな側面も、ニュートラルにしてバランスを取る助けをしてくれます。白は高い波動でとても明るく輝くので、私たちの色の旅を始める最初の色として最適です。

私はいつもクライアントに、色とワークするプロセスは白を活用することから始めるように、アドバイスします。白は初心者が心に描くのに最も簡単な色だと私は思います。なぜなら、アイザック・ニュートンがプリズムの使用を通して発見したように、白は実際に可視スペクトル内の他の様々な色から構成されているからです。したがって、白には各色の特徴がバランスよく組み合わされています。白にフォーカスする人は皆、自分に共鳴する要素を見つけるということを私は発見しました。

白はほとんどすべての主要な宗教にとって重要な色であり、多くの場合、純粋さの象徴として着用されます。クリスチャンの赤ちゃんは洗礼で白を着用し、ローマ法王は公の式典で白を身に着けます。ユダヤ人の男性は純粋さを象徴するため儀式用のリネンの白衣を着用し、クン

ダリーニヨガの行者は、オーラを拡大してマインドフルネスを実践するのに役立つ、白いコットンの帽子を着用しています。宗教の外では、医師は清潔さへの細心の注意を強調し、落ち着いていて能力があるという感覚を与えるために白衣を着用します。私はものを書くときは、白を着ることを楽しみます。白はマインドをクリアにし、自分の真実を分かち合うために、私の意識を準備してくれるのです。白はまた最も一般的に、清潔さ、新しい始まり、より大きな善に関連付けられている色です。

自分のエネルギーを素早く浄化する必要があるときは、いつでも白を使うことができます。ストレスの多い渋滞に巻き込まれたり、気難しい赤ちゃんの面倒を見ているときなどです。フライト中に私の隣の乗客が爪にマニキュアをし始めたとき、白は私を救ってくれました。気力がわかなかったり、退屈だったり、または疲れ切っていると感じているとき、白が役立ちます。

自分の家の散らかった部屋を、すっかりきれいにしたいとします。あなたは部屋に入って電気をつけます。この白い光がすべてを照らし、どれをとっておく必要があり、どれを捨てるべきか、あなたは見ることができます。私たちが自分自身に白を使用するときも、これと全く同じやり方で白は作用します。白の光は、私たちが解放できる部分だけではなく、私たちの存在が注目を必要としている部分も照らし出します。

様々な文化が、白を移行の象徴として取り入れています。アメリカでは、花嫁は純潔と新しい始まりの感覚を呼び起こすために、白を身に着けます。新しいパートナーに輝くように笑いかける喜びに満ちた花嫁を見て、私たちのほとんどは、2人がこれから一緒に旅立つ人生が希望に満ちたものだと感じずにはいられません。さらに、臨死体験から生き返った人々は、白い光に向かって引っぱられるビジョンが見えたとよく言っています。アジアの文化では、白はしばしば死と喪に関連しています。私には多くの日本のクライアントがいますが、中には、白は死と迷信的なつながりがあるため、白とワークすることを躊躇《ちゅうちょ》する人もいます。でも、私にとって、誕生と死は同じコインの裏表です。それぞれの出来事は、一つの章の終了と復活、またはもう一つの章の始まりを示します。

白を使用するとき、私たちは何にフォーカスしていても、新たな出発を創る意図があります。白は新しい章と新しい意図を表し、私たちの人生に明晰さを創り出すのです。

白に関する初セッションの事例

白は、私のウェブサイトから予約してくれた、新しくコーチングを受けるクライアントのシャーメインにとって、特に役に立ちました。新しいクライアントとは電話で初回セッションをすることから始めます。そこでクライアントの目標について話し合い、私は直感的に彼らのエネルギーにつながって、これからの最良の道を見つけます。私が彼らのまわりに見る色は、多くの場合、私たちが焦点を当てるべき領域を私に教えてくれます。時計の針が午後1時を指すと同時に、私は初回セッションのために彼女の番号をダイヤルしました。

「もしもし、ドゥーガルですか？」柔らかい声が言います。声は受話器の向こうでは、少し途切れています。

「ハーイ、シャーメイン。ドゥーガルです。携帯電話で話していますか？」と私。

「固定―電話を―持っていないんです」彼女は答えました。

携帯電話は私にとって、ますますイライラのもととなっています。クライアントがセッションのときに、時々本当に行き当たりばったりの場所から電話してくるのです。ショッピングモールから電話してきたクライアントもいます。人でいっぱいの混雑した相乗りの車から、スーパーマーケットから、さらには郵便局で並んでいる最中に電話してきた人もいました！　でも、セッションの恩恵を受け取る最善の方法は、やってくる情報にあなたが本当に集中できる、静かな場所で受けることです。

シャーメインが話すにつれ、すぐに私は彼女が携帯電話を使っているだけでなく、気が散っていることも感じ取ります。後ろではラジオが鳴っているだけでなく、強い風の音も聞こえます。

「シャーメイン、今車を運転しているのですか？」

彼女は突然泣き出しました。「時間が…なかったんです。子供を学校に迎えに行かなくてはならないし、始めたのが遅くて。なにもかも混乱していて…」

シャーメインは自分の現在の状況を3分以内に説明しました。私は彼女に、話にフォーカスできるように、ちょっとの間車を止めるように言いました。セッションがコーチングであれリーディングであれ、いつもセッション最初の3分は、その人の人生をよく物語っています。この場合は、クライアントは自分のために30分も時間を創ることができないのです。彼女はもうすでに感情があふれ、私ができたのは挨拶《あいさつ》をしただけです。一緒にワークすることさえまだ始めていません。でも、エネルギー的にはもういろいろ始まっています。私がエネルギーワークを好きなのは、この部分です。私たちの人生の状況は、私たちが知らない間に、私たちの魂が進化するために必要な学びのプロセスを、しばしばもたらします。

「わかりました。今、子供の学校の駐車場に車を止めました。子供が来るまで25分くらいあります」。シャーメインは泣きながらなんとか答えました。

「完璧です。まず少しだけ時間を取って、一緒にエネルギーを中心に戻しましょう。目を閉じましょう。何度か深呼吸をします。鼻から深く息を吸い、口から吐き出します。とてもゆっくりと、心の中で自分の名前を繰り返し言ってください」

シャーメインは1分間丸々、じっと私の依頼と格闘しました。「自分の名前を言うのは変な感じがするわ。なぜだか傲慢《ごうまん》に感じるんです。私のスピリットガイドの名前を言うほうがいいわ」

「わかります、シャーメイン。通常は、それがより高次の意識と結びつくための素晴らしい方法でしょう。でも、今のこの瞬間に何が起こっているのかについて、話しましょう。

今日はあなたへのコーチングの最初のセッションです。これまでに私が知っていることは、あなたはやることが明らかに多いので、泣き始めたということです。あなたは自分のための時間がないと言いました。それが車から電話した理由でした。あなたの人生は混乱していると感じると言っていましたね。でも、子供を迎えに学校に来たら、実際は25分早く着いたことに気づきましたね。これは何を語っていると思いますか？」

シャーメインは笑い始めました。「本当は時間があるということです。私はいつも早めに着くために急いでいるので、わからなかったんです」

「その通りです。だから、呼吸をして自分の名前を唱えてほしかったんです。リーディング、コーチング、セラピー、または運動でさえ、そのスペースに入るときは、まず最初に自分のエネルギーを整えて中心に戻らなくてはなりません。自分の名前を自分に繰り返すことによって、私たちのまわりの人たちのエネルギーではなく、自分自身のエネルギーとつながるのです」

初めてのコーチング・コールでは、私はいつも新しいクライアントに目標は何かを聞きます。クライアントは変えたい人生の部分をリストにして、2人で一緒にプランを作ります。シャーメインは現在彼女がどこにいるか、概要を話しました。最近夫と別れることになりましたが、過去8年間家にいて母親をしていました。シャーメインは近所に住む年老いた母親の面倒も見ています。

「私の主な目標はキャリアを見つけることです。私は自分の人生で何をするべきかわかりません。私は離婚するので、生活費と少しだけ財産の譲渡を受け取ることになっていますが、自分が生きたい人生を生きるには十分ではありません。私は何年も働いていなかったので、世の中に提供できるものを何も持っていないように感じるのです」

「世の中に提供できるものを何も持っていない」。私は彼女の言葉を繰り返して言います。

「とても強い言い方ですね。本当にそう感じているのですか？」

シャーメインはまた泣き出しました。「わからないんです、ドゥーガル。あなたが繰り返して言うと、ひどく聞こえます。でも私はあまりにも長いこと、失敗した結婚生活を送っていたんです。なんとか結婚がうまくいってほしいと思っていましたが、でも心の中では、私にとっていい結婚ではないとわかっていました。妻や母親でない自分は一体誰なのか、もう思い出せないみたいなんです。私のアイデンティティを」

白のカラーワークで劇的に変化していったクライアント

シャーメインが自分の人生を説明するとすぐに、私の心の中で彼女は白の完璧な候補者になります。ここには明らかに生産的で思いやりのある女性がいます。彼女は子供を迎えるのに早めに来るし、愛情あふれる母親です。もうじき離婚する夫のことを話すときの言葉でさえ親切で思いやりがあります。でも、彼女のエネルギーは他人のニーズで散らかっていて、その結果、自分が誰なのかわからないという感覚に陥っています。彼女に必要なのは明晰さです。

「どうしたらいいか教えて欲しいんです」。彼女は言いました。

　彼女の気持ちは理解できますが、クライアントに関する私のゴールはいつも、彼らが持って生まれた直感に自信を持たせるということです。

「シャーメイン、私たちがまず最初にしなくてはいけないのは、あなたのエネルギーに再びつながるということです。今までの話から、あなたは過剰に刺激を受けてきたように見えます。もうじき離婚を経験されますね。あなたの人生には、あなたの注目を必要としている人が何人かいます。そして、一番大切なのは、家族を養うために仕事を必要としています。合っていますか？」

「はい、その通りです」

「オーケー。最初の宿題は、ただ白の光とワークしてください」

　白はスピリチュアリティと明晰さの色だということを、私はシャーメインに説明します。白は、この混乱させるような状況のときに使うのに完璧です。シャーメインは他人のニーズのことばかりでとても忙しいので、私たちの最初のフォーカスは、一日のうちに自分自身とつながる時間を持つ方法を彼女に教えることです。私は彼女に白い光を活性化《アクティベート》し、その光を身体を通してグラウンディングさせるやり方を教えます。

「白の光をグラウンディングさせた後、この惑星に何を提供しなくてはいけないかを思い出させて、と色に頼んでみたら面白いと思いますよ」

「私のスピリットガイドに聞くということかしら？」と、シャーメインは尋ねます。

　皆スピリットガイドが大好きです。私は一日中、スピリットガイドの名前やガイドはどんな風に見えるかを聞かれます。つまりこういうことです。スピリチュアルなグラム・スクワッド（派遣メークアップアーティスト）隊と一緒に旅するという考えは、私は隣の人と同じくらい好きです。天空のチームがいて私の旅の道中私をサポートし助けてくれて、私を高次の知恵につないでくれて、また私には自分の大天使スピリットガイドがいて、私を悪い状況に陥る決断から守ってくれている、といったことはとても楽しいことに見えます。

　でも、こう言ったら多分議論を引き起こすかもしれませんが、私は、私たちの脳が時々スピリットガイドを発明するのだと思います。なぜなら、私たちは潜在意識では自分のパワーを明け渡したいからです。私たちは、そこに誰かがいて、いつも私たちを見守り、物事を起こしていると信じたいのです。そして私はより大きなパワーが常に私たちを守っていると信じていますが、この普遍的なエネルギーはじつは私たちの中に存在し、いつもそこにあったのです。

　私が言おうとしているのは、あなたがそのことを受け入れるのであれば、あなたは、あなた自身のスピリットガイドになれるということです。究極的には、私たちはすべてエネルギーでできています。私たちのエッセンス、私たちの魂、私たちの波動は、はるかに大きな普遍的な構想の一部であり、直感も同じだと感じています。私たちは皆、途方もなく愛にあふれたガイダンスの声に囲まれています。それは私たちの外側にしか存在しない、バラバラの存在に分割されることはありません。私たちが望むときはいつでも、太陽の光を浴びて育つ植物のように、このガイダンスを吸収することができるのです。

シャーメインに戻りましょう。

「いいえ。あなたのスピリットガイドではありません」。私は彼女に言いました。「エネルギーに尋ねるんです。つまりこの場合は、一緒に選んだ色に知恵を求めるのです」

「それだけですか？　それしかしなくていいのですか？」

「それだけです」

「でも、私はこの分野のことは何年も勉強してきたんです。もうちょっと何かないですか？　宿題をもう少し難しくするとか」

「でも、シャーメイン、そこがポイントなんです。たくさん勉強してきたのは素晴らしいです。でも人生の今のこの地点では、あなたは情報の刺激を受けすぎています。エネルギーを活性化《アクティベート》して、それに情報を求めるというシンプルなプロセスだけが、もしかしたらあなたのシステムを再起動するのに必要なのかもしれないですよ」

私はシャーメインに、1週間の間ずっと、白い色を見るたびに立ち止まって、この地球に私は何を提供しなくてはいけないのでしょうか？　と自分に聞いてくださいと提案します。

次の週話すときには、シャーメインは深遠な発見をしています。「ドゥーガル、とても面白かったわ。毎日瞑想を2分くらいずつして、また、いつもの生活に戻りました。自分がこんなに白に囲まれているなんて知らなかったわ！　いつもの道の角を曲がると、ご近所の庭は白のバラでいっぱいでした。車の中で深呼吸して、あなたに教えてもらった質問を自分にしてみました。私が世界に提供しなくてはならないものは何？って。

最初はただ平和な感じがして、いつも世界でしなくてはならないことはしてきたように感じました。それで週も終わりに近づいたころに、なんというか強烈な経験をしたんです。息子の読書感想文の提出期限が迫っていて、ずっと印刷用紙を買ってきてくれと頼まれていたんです。焦って事務用品店に行ったのですが、少し取り乱していました。お店に入って紙の売り場に行きました。見渡す限りに紙のパッケージがあり、あまりに種類がたくさんあるのでイライラしました。厚手、白、オフホワイト――何十種類もの紙――そうしたら突然、自分が通路に一人きりで白い印刷用紙に囲まれていることに気がついたんです。白という言葉もそこらじゅうに書いてありました。深く息を吸ったら、匂《にお》いでハッとしました。説明するのは難しいのですが、突然思い出したんです。私は、以前教師として働いていた学校の休憩室に立っていました。紙の匂いを嗅《か》いで紙を手で触っているだけで、幸せな気分になったものです。教えるのも大好きでした。考えただけでぞくぞくしました。もちろん、私には世界に提供できるものがあります。もちろん、仕事に戻る理由があります。私は教師です」

シャーメインと私はこの啓示について30分ほど話しました。少し説明させてください。お店で何か魔法や神秘体験が起きたわけではありません。シャーメインは結婚を終わらせるのに忙しく、家族の世話をあまりに見事にこなしていたので、自分自身とつながることを忘れてしまっていたのです。でも宇宙はいつも私たちが何を必要としているか知っていて、ストレスいっぱいの生活状況という形の中で、彼女にたくさんのヒントをくれました。この出来事が彼女のスピリットに、人生で本当の喜びを感じることに焦点を当て直してよく考えるという機会をくれたのです。結局、シャーメインはパートタイムの代用教員として働き始め、次に子供の学校で1年生を教える仕事につきました。

シャーメインが結局必要としていたのは、自分自身にフォーカスすることへの許可でした。少しの瞑想時間を捻出《ねんしゅつ》し、一日中自分自身に意図を思い出させていると、質問への答えがおのずと姿を現すことを発見しました。その瞬間、彼女は自分自身のグルとなったのです。

私たちは、直面するどんな問題に対しても、自分という存在の奥深くに、すべての答えを持っていると私は心から信じています。色とワークするという概念は、あなたが持って生まれた輝きと知恵に再びつながるということに関係しています。

白のアクティベーション・ノート

私は自分のエネルギーに気がついているでしょうか？

（注意：他のすべての色にはエクササイズがありますが、白はこの本で唯一エクササイズがありません。この章でエクササイズを省略したのは、基本的なアクティベーションのプロセスに慣れることにフォーカスしてもらうためです。このように色とワークすることに慣れたら、もっと複雑なエクササイズに進みます。さらなるガイダンスについては、第1章のアクティベーションプロセスを参照してください。第1章の手順は、すべての色のテンプレートとして使用できます）

思考統一＆感情的領域をクリアにして自分のエネルギーを最大限に引き出す

白とワークするときの主なフォーカスは、思考を統一し、感情的な領域をクリアして、自分のエネルギーを最大限に利用するということです。白を活性化《アクティベート》するとき、私たちは意識をクリアにし、自分の中核で自分は、スピリチュアルな存在であることを自分自身に思い出させます。いくつものことを同時進行する日々を送っていれば、迷うのは簡単です。仕事、家族への義務、友人との自分の役割、請求書、期待、健康のことで、私たちの感情的なスペースはいっぱいになってしまいます。私たちの生活におけるすべてのことは、常に私たちの魂とオーラの中で飛びかっています。だから私たちは、スピリチュアルなマインドの状態に入る前に、エネルギーを整理してクリアにする必要があるのです。

　個人的かつ専門家としての経験から、私は、どのような状況においても、白とワークしてあなたが間違うことは本当にないと、言うことができます。

白のスピリチュアル・アクティベーション

光のエネルギーのお風呂で浄化されているような感覚へ

　大切なことなので注意してほしいのですが、私は白はエネルギーの浄化のために使用されると話しますが、「汚い」または「汚れた」エネルギーの人などいないと私は思っています。クライアントに、オーラが目詰まりしているとか、歪《ゆが》んでいる、または、引き裂かれていると言うことがあります。困難な人生の経験から、私たちは時々傷ついたと感じることがあることは理解していますが、私はそれを別の観点から見ています。

　あなたの魂を、あなたのコンピュータのデスクトップと考えてください。あなたがもし私に似ていたら、探すのが簡単なので、デスクトップ上にあらゆる種類のファイルを残しておくでしょう。ソーシャルメディアに投稿して他の人と共有したい、愛する人の写真があります。本、ブログのための文書、もう一度読みたい日記の見出しさえあります。ゆっくりと、私のデスクトップは少しずつ混雑し始めます。「開いて使用中の」ファイルが多いほど、コンピュータの動作は遅くなります。さて私は、コンピュータに精通しているところからは一番遠い場所にいます。ですから、コンピュータが遅くなると、私は夫のデイビッドに助けを求めます。

デイビッドは私のコンピュータを見てすぐに、デスクトップがファイルでいっぱいなことに気づきます。「こんなにごちゃごちゃで、よく何かにフォーカスできるね」

ゆっくりと意図的に、彼はすべてのファイルを適切なフォルダに移動し、不要になったものを削除します。キーパッドをさらに何度かたたくと、突然私のデスクトップはきれいになります。ほとんどすぐさまコンピュータのスピードは上がり、それはまるで、すべての混乱に対処する代わりに、本当に集中できるようになったかのようです。

これは、生活の中で白のエネルギーをスピリチュアル的に活性化《アクティベート》することを完璧に表していまます。コンピュータと同じように、私たちは無数の機能を実行し、様々な情報を保持している素晴らしい創造物です。でも、文書やファイルを保存するのではなく、私たちには自分たちの過去と現在についての情報が、感情的に刻み込まれています。私たちには愛する人との幸せな瞬間や誇りに思う人生の出来事もありますが、個人の旅の途上で起こった、痛みを伴ったり、ストレスいっぱいの思い出もあります。

どんな瞬間にも、これらの人生の要素の多くは、活発になる可能性があるか、または私たちの意識の背後で活動しています。これらのエネルギープログラムがたくさん動いていると、私たちの速度は遅くなります。そうなると、私たちは分離してしまったり、圧倒されたり、ぼんやりしたりします。物事を思い出せなくなったり、一日に十分な時間がないと感じるようになるかもしれません。これは何だと思いますか？　そう、あなたのスピリチュアルなデスクトップを、きれいにするときが来たということです。

ここで白が登場します。スピリチュアル的に白を活性化することは、あなたのエネルギーの焦点をより中立的なところに再び合わせてくれる、エネルギーのシャワーを浴びるようなものです。このプロセスに慣れてくると、あなたのエネルギーが様々な人や状況によって揺さぶられる前に、最も正直でバランスの取れたバージョンの自分に素早く戻ることを助けてくれます。白はあなたの人生において気を散らす要素をすべて取り除き、自分の中心に再び集中できるように、あなたの意図を統一します。スピリチュアル的に白を活性化すると、光のエネルギーのお風呂で、自由になって浄化されているように感じるでしょう。

白のユニバーサル・アクティベーション

宇宙と自分とのつながりをもっと強くもっと拡大する

白は素晴らしい浄化のエネルギーを持っており、共に旅を始めるには完璧な色です。白を、この新しい色のプロセスの新しい始まりだと考えてください。あなたは、いつもそこにいたあなたの魂の一部につながっていますが、これからその強さを拡大するのです。

白のアファメーション

私は白のスピリチュアリティと明晰さに浄化されます。

物を使った白のアクティベーション

入浴グッズに取り入れて浄化のシャワーを

白は全体的なエネルギーのクリアリングに使用されます。私は色の小道具を入浴の儀式に取り入れるのが好きです。私は気持ちのいい浄化のシャワーを、とても愛しています。それに白い色の小道具を組み合わせてみたら？　こういう理由で、私の入浴グッズのほとんどは白です。小道具は複数あってもいいということを、覚えておいてください。たった一つの色の小道具にコミットしなくてはいけないと感じたりしないでください。実際には、複数持てばあなたが呼び出しているエネルギーを思い出す機会が増えます。

あなたの毎日に取り入れることができる白い色の小道具には、次のようなものがあります。

✦**白のバスタオル**。私の大のお気に入りです。私は身体を拭《ふ》くとき、私のためにならないエネルギーの最後の残りかすを、タオルが吸い取ってくれていると想像するのが好きです。

✦白いテリー織りのバスローブ。浄化された後バスローブに滑り込み、自分自身が光り輝く白いエネルギーで包まれていると想像することができます。

✦白い柱型キャンドル。浄化の白いエネルギーを表すだけでなく、キャンドルに火をともすと、とても楽しい儀式の要素が加わります。

白のシャドウ・サイド

自分の人生への乱雑さ・アンバランス・否定が強調される

あなたが旅を始め、白の高い周波数を活性化《アクティベート》すると、自分の人生がどんなに乱雑だったかを思い出すかもしれません。あなたが自分自身のニーズを無視したり、スピリチュアルなプラクティス（練習）を何もしていないと、白のアンバランスがしばしば起こります。人生の状況のために否定的になってしまったり、制限をつけて考えているかもしれません。その場合は、白とワークしていると、そこが強調されます。

白のシャドウ・サイド《影の面》は、乱雑さへのいっそうの執着として現れたり、また、あなたがこの瞬間にどれだけ圧倒されていると感じているかを強調するかもしれません。白のシャドウ・サイドに、あなたのセルフケアのルーティンを思い出させてもらいましょう。あなたはセルフケアにしっかり取り組んでいますか？　または少ししかしていませんか？　白のエネルギーのバランスを積極的にとるもう一つの方法は、時間を取って自分のためだけに何かをすることです。

それは、マッサージを受けたり、静かな午後の公園に行くことかもしれません。

白は、探求しやすい色の一つで、シャドウ・サイドでさえもそうです。私たちは光を入れているだけだということを覚えていてください。光り輝いてください！

第3章

ゴールド

特質：目標の設定とより高次の思考

シャドウ・サイド：自分勝手／社交的に近寄りがたいこと

ゴールドは、強靭さとやる気の効果促進剤。自信、独立性を呼び起こすカラー

独立性と知性の色であるゴールドは、強靭《きょうじん》さとやる気の効果促進剤です。ゴールドの光は、優先順位付けと目標設定に使われます。すべてのネガティブな思考パターンを変容し、それらをポジティブで生産的な思考に置き換えるのを助けます。企業家、発明者、物事を率先してやる人、そして一人でいることを楽しむ人々のまわりにゴールドの光が見られます。

ゴールドの光は自信、独立心、やる気を呼び起こします。自営業者や、単にもっと独立性を主張したい人に適した色です。

ゴールドの堂々としたエネルギーが行き渡った歴史、宗教、芸術について、多くが語られています。ヒンドゥー教では、ゴールドは知識、学習、瞑想、精神の発達を象徴しています。ゴールドは、金本位制や人生の黄金時代（訳注：老後）という用語があるように、信頼性と知恵にしばしば関連しています。聖書の中で東方の三博士は、イエスの誕生時に金をイエスに贈り、これは彼の王位を象徴していました。古代エジプトでは、ラーはすべての神々のリーダーと、しばしば呼ばれる太陽神でした。何千年も前の小アジアに始まり、歴史を通して多くの文明は金を通貨として使用しました。私はしばしば、家族を支える供給者であるクライアントのまわりに、ゴールドの色を見ます。

最近私は、親愛なる友人のラミー・ウォーレンと彼女の同僚のニコール・リッチーが共同で創った、インスピレーションに満ちたイベントで講演するよう招かれました。マリアン・ウィリアムソンのような基調講演者と共に、主流の聴衆にポジティブなエネルギーを広める絶好の機会でした。オプラ・ウィンフリー・ネットワークはそのアイデアを気に入って、メディアパートナーとしてイベントを録画したいと考えていました。デイビッドと私はこの力づけられるビジョンのことを聞いて、とてもワクワクしました。彼は彼らのためにウェブサイトを創ることを提案し、できる限り手助けをする意図を設定しました。

デイビッドは約8年間ずっと私のマネージャーをしています。私たちはカップルであるだけでなく、ダイナミックでかつサポートし合う仲間でもあります。彼は私のビジネスにとって極めて重要な存在ですが、通常は背景へ溶け込むことを好みます。そのため、彼は私のアシスタントとして認識され、私がほとんどの名声を得ています。私たちが共に進化するにつれて、デイビッドは自分個人としてのパワーにもっと足を踏み入れたいと思うようになり、自分自身を助けるためにゴールドを活性化《アクティベート》していました。

自信と元気づけの助けに：ゴールドを活性化した一例

その日、彼はイベントの計画のためのミーティングがありました。彼が準備できるように私が朝食の後片付けをしました。私たちの家では、どちらか一人が重要な仕事がある日は、もう一人が朝食を作ったり片付けたりして家事をするという暗黙の了解があります。

「本当に緊張しているんだ。ドゥジー」と朝食のときデイビッドは言いました。

「本当に？　君ならうまくできるよ！　心配することなんて何もない」

「僕はいい仕事をしたいだけなんだ。昨日の夜は何度も目が覚めて、このミーティングの前に活性化《アクティベート》するにはどの色が最適か考えていたよ。本当にあれこれ考えてしまった。リーダーシップのための紫？　ハートを中心に保つには赤が一番かな？　または、バランスのためにはオレンジがいいかな？　今日僕が使うのに一番いい色は何だと思う？」

「絶対にゴールドだよ。自分の考えをしっかり持って、自信を感じることを助けてくれる。このミーティングは、イベントの目標の優先順位をつけるためのものだ。今日の朝ゴールドを活性化すれば、自分の考えを整理して『私にはこれをする能力がある！』という自信のエネルギーを持って、ミーティングの部屋に入って行けるよ」

「ゴールドか」彼は言いました。

「ゴールドの服は一つもない！」数分後、クローゼットから彼は発表しました。

「持つべきじゃないと思うよ。オスカー像みたいな姿で登場しないでほしい。それに、エネルギーを呼び出すために、その色を文字通り着る必要はないんだ。今、もう色を活性化したのだから、それを目で見て、自信を高めてくれるように許可すればいいだけだよ」

その朝デイビッドはゴールドと瞑想して、彼の祖父のアンティークの金色の腕時計を色の小道具として身に着けました。彼は午前中ずっと、パワフルなゴールドのエネルギーに元気づけてほしいときはいつもその時計に触れて、とてもよかったと言っていました。会議は大成功を収めました。私はデイビッドがパワフルな役割を担い、誇らしげにゴールドの光の中に立っているのを見て、とても誇りに思いました。

ゴールドは男性性。男性・女性のエネルギーを上手に取り入れる方法

これは、色があなたの人生で、どのように役割を果たすことができるか、その一例に過ぎません。大きなミーティングの前にデイビッドが緊張していたように、あなたにビジネスの機会が与えられたとき、不安を引き起こすかもしれません。その場合はゴールドを活性化してください。ゴールドがあなたのビジネス面を目覚めさせてくれるでしょう。あなたがその独立のエネルギーを呼び出せば呼び出すほど、あなたが必要とするときに、あなたの存在にそれが深く留まるでしょう。

ゴールドは伝統的にヒーリングアートにおいて、男性的エネルギーと考えられており、シルバーが女性的エネルギーだと理解されています。でも、私の意見では、これは男女の性別による役割に過ぎず、これらのエネルギーが人としての私たちの内部でどのように働くかを本当に表すものではありません。私たちは皆自然に、男性的、女性的な面で祝福されていると私は信

じています。住んでいる文化によっては困難だと感じるかもしれませんが、私たちは皆、欲しいときはいつでも、どちらのエネルギーにもアクセスできる能力を持っています。

良くも悪くも、社会は男性をより独立していて意見に自信があり、男性的役割を容易に果たすことができると見なす傾向があります。一方女性は、より繊細で思いやりがあり、一般的にはハート中心であると期待されます。しかし、これは幻想だということを知ってください。あなたは、男性的エネルギーと女性的エネルギーの両方の最良の面に、無制限にアクセスできるのです。

この概念はいつも私にとって受け入れやすいものでした。なぜなら、同性愛者の男性として、克服すべき男女の性別による役割は少ないからです。集団とは異なる人は、その違いが他人から判断される可能性となることを知っています。しかし、またそれは、他の人々の意見は本当は問題ではないことを認識するように教えてくれるので、祝福でもあるのです。その結果、私は感情的感受性、クリエイティビティ、つまり、型通りの女性的な特徴といった私のシルバーの女性性の側面を、容易に探求することができます。でも、必要であれば、積極的なゴールドのエネルギーを利用して、「男性的な」ビジネス特性を体現することも楽しんでいます。

いつでも好きなときに同じことをする力が、あなたにもあります。あらゆる瞬間に最も恩恵をもたらすエネルギーを引き出し、男女の性別による役割を忘れましょう。私たちの男性性、女性性の側面のバランスが取れているとき、私たちの生活の他の要素もバランスが取れます。一緒に、魂の男性性の側面と女性性の側面の両方を探求し、自分のエネルギーをパワフルにバランスさせる道具を手に入れましょう。

ゴールドは私たちの「男性性の」面を表しています。これは、自営業、自発的、そして「ハートにいる」よりも「頭にいる」ことが多いという考えに関連しています。誰かのまわりにゴールドのエネルギーが見えるときは、通常彼らは思考に深く根ざしています。彼らの脳が、多くのポジティブなやり方で彼らの役に立っているのです。

ゴールドは私たちが自立し、自分の意図を設定し、そして最も重要なことですが、自分の考えに自信を持つことを助けてくれます。たとえ自分の「ビジネス」面につながっていると自然に感じられなくても、ゴールドのエネルギーを避ける理由はありません。実際のところ、そうであれば、それこそがゴールドで実験する理由そのものです！　ずっと眠っていて活性化《アクティベート》されるのを待っていた、あなたの存在のパワフルな部分が目を覚ますかもしれません。

ゴールドのアクティベーション・ノート

私は自分のパワーの中に立っているでしょうか？

制限された信念を打ち壊す！独立・目標設定の現実化を促進する

ゴールドは私にとって、いつも太陽のように暖かく、なだめてくれる色でした。ゴールドがくれる独立のエネルギーは私に多くのインスピレーションを与えてくれますが、私たちは皆色と異なる関係を持っているので、あなたは違ったように感じるかもしれません。

独立または目標設定のための魔法の一服を必要とするとき、あなたはいつでもゴールドを活性化《アクティベート》することができます。就職の面接を取り付けたり、より満足できるキャリアを現実化したい場合は、ゴールドを使って、あなたの人生への豊かさの流れについての制限的な信念を、打ち壊しましょう。

ゴールドに関するメモ。私のクライアントの多くは、コーチ、ヒーラー、または自己啓発の分野のどこかで働くことに興味を持っています。もしこれがあなたのことのように聞こえたとしたら、素晴らしいです！　私は自分自身がヒーリングアートに惹かれたように、他の人を助けたいというあなたの願望を称賛し、支持します。でも、感受性の高い人たちは、多くが、自分の仕事は支払いを受けるに値すると思うと、どこか本物ではなくなってしまうとでもいうように、スピリチュアリティとビジネスは相性がよくないと誤解して信じています。この制限的な信念があると、あなたの情熱と才能を実行可能な職業に変えることができないため、残念なことです。あなたのヒーリングワークは支払いを受けるに値すると感じていない部分がもし少しでもあるならば、ゴールドのエネルギーとワークすることで恩恵を受けることができるという、典型的なサインです。あなたが自分のスピリチュアルなパワーとビジネスの独自性の両方を適切に表現しているとき、人生はより充実して効果的になることを、私が保証します。

その一方で、プラクティショナーとして、自分のサービスを受ける余裕がないかもしれない人たちを助けたいという願望に、私は完全に共感します。このため、私は常に限られた数のクライアントに無料でワークをしています。これが、私が豊かさを達成することへのブロックを解放するのを助けてくれています。あなたが望むビジネスを現実化するのを助けるために、ゴールドを活性化すると同時に、毎月数人のクライアントに無料でワークすることをお勧めします。

ゴールドのスピリチュアル・アクティベーション

金色の太陽をビジュアライズして内的強さ・知恵を最もパワフルに！

瞑想でゴールドをビジュアライズすると、自分自身の思考のパワーと、自分はどのように行動するかということにハイライトが当たります。自分の思考や願望を現実化するとき、私はこのエネルギーを頭上にある金色の太陽として見て、私の思考や願望を現実化するように導いていると見るのが好きです。ビジネスミーティングに参加しているなら、私は自分の意識の表面にゴールドのエネルギーが現れるようにゴールドを呼び出します。私は、自信があり有能で自分の運命のマスターのように感じたいときに、ゴールドを使います。

ゴールドは非常に知性的な色です。ゴールドをビジュアライゼーションし、ゴールドが私のより高い思考と独立のエネルギーを増やしていると感じるとき、頭がウズウズし始めることがあります。あなたのマインドが活発になり始めるかもしれませんが、ゴールドを使ったときには、それは完全に正常です。マインドの波動が増すため、自分が「内向きになっている」かのように感じるかもしれません。これを、気が散っているのだと間違えないようにしてください。単にあなたのマインドがゴールドの注入に反応し、比例して上昇しているだけです。ゴールドを使うと、あなたはマインドのパワー、内的強さ、そしてあなたの知恵を活性化します。この色は、あらゆる種類の新しいアイデアをブレインストーミングするのに役立ちます。あなたは、あなたの存在の最もパワフルで、知的で、突き動かされている部分を目覚めさせているのです。

ゴールドのスピリチュアル・アクティベーション・エクササイズ：あなたのパワーを記録しましょう

このエクササイズの目的は、あなたの思考を、よりパワフルで目的に満ちたやり方に再構成することです。私たちは皆、思考が迷い定まらないことがあります。当然のことですが、平均的な日には、ポジティブな思考もあればネガティブで重たい思考も起きるかもしれません。あなたは気づいていないかもしれませんが、頭の中の一貫してネガティブな考えが、あなたの一日、ひいては人生の結果に影響を与える可能性があります。これを知れば、あなたの意識をポジティブで、エンパワーしてくれる心構えに方向付けたいとあなたは思うでしょう。

1. 瞑想を通してゴールドをスピリチュアル的に活性化《アクティベート》する前に、日記やノートにあなたの目標を書いてください。これは、達成に向けて行動のステップを取ることができるものでなければなりません。例えば、「新しい言語を学びたい」などです。目標は、あなたが望むものであれば、大きくても小さくても構いません。書いた日記やノートを近くに置いておいてください。

2. あなたがビジュアライゼーションをしている間に、あなたが設定した目標を達成するために役立つ、自分の持つ資質について考えてください。例えば、私には素晴らしい記憶力があって、人の名前を忘れることはほとんどない。これは、新しい言語の勉強に役に立つ、と思うかもしれません。

3. 日記に書いたあなたの目標の下に、あなたのポジティブな資質を書きます。そして、あなたの目標を達成するために、その資質を使って今日できることを一つ書いてください。

4. あなたの目標とポジティブな特質を友人と共有しましょう。ゴールドのエネルギーは非常に独立したエネルギーなので、使うときは、このように愛する人とのつながりを保ちましょう。自分の経験を共有することは、自分の目標に向かってワークすることに自分が責任を持つ、ということも助けてくれます。

ゴールドのユニバーサル・アクティベーション

リマインダーとして機能し、自立とより高い思考を強める

現代社会では、やるべきことがたくさんあって圧倒されてしまうと感じるのは簡単です。このことを考えると、あなたの目標とあなたの行動ステップを道の脇に退かせてしまうことも、

とても簡単です。アクティベーションをするたびに、目覚めている世界でゴールドのエネルギーが、リマインダーのようなものとしてどこに現れているかに注意を払ってください。毎日の生活の中でこの色を見るたびに、リマインダーを刺激して、あなたという存在がコントロールを取り戻すのを助けてくれるでしょう。これには練習が必要ですが、宇宙がこのエネルギーをメッセージとして繰り返し送ってくれる場所に、定期的に気づき始めるでしょう。

ゴールドを活性化《アクティベート》すると、あなたはお店、友人の家、または通り過ぎる車の中にさえ、ゴールドに「無作為」に気づき始めるかもしれません。ゴールドの色に気づくたびに、自立とより高い思考を強める意図を再確認します。宇宙はあなたの力を思い出させてくれているだけでなく、あなたの意図に勢いを与えているのです。

ゴールドのユニバーサル・アクティベーション・エクササイズ：思考と言葉を一つにする

ご存知のように、私はミラーワークの大ファンです。私たちのネガティブな信念は、時に私たちの思考の中で創造された、パターンにしか過ぎません。ゴールドのアファメーションを使用することは、あなたのマインドを再訓練する強力な方法です。このエクササイズで、そのメッセージを定期的に繰り返す習慣を身に付けることができます。

一日の中でゴールドに気づいたときはいつでも、心の中であなたのアファメーションを静かに繰り返してください。後述のアファメーションを使用することもできます。

次のものも、同様に使用できます：**ゴールドの光は、私の潜在能力を現実化します。**

これを楽しんでください！　自分の個人的パワーの感覚を高めるための私の好きな方法の一つは、ゴールドを見るたびに、それを自分に思い出させることです。これは、あなた自身とあなたの偉大さに定期的に注目する、シンプルな方法です。

ゴールドのアファメーション

私はパワフルです。私は自分の光の中に立っています。

物を使ったゴールドのアクティベーション

身体を使った活動に取り入れて行動を起こすパワーに！

ゴールドのエネルギーは、それが本質的にエセリック（空気のようなもの）というより物質的であるという点でユニークな波動であり、行動を起こすように促します。でも同時に、それは思考とメンタル・ボディに根ざしているため、私たちが最高の波動の思考へとぴったり一致するように助けてくれます。自分のエネルギーを目標と一つにするためにゴールドを使うと、私たちは肉体と思考の両方において、実力を発揮できるようになります。

ゴールドの色の小道具を使うとき、私は、考えながらできる、身体を使った活動に取り入れる物を使うのが好きです。これには、ストレッチ、散歩、ランニングなどのエクササイズがあります。

あなたの毎日に取り入れることができるゴールドの小道具には、次のようなものがあります。

✦**ゴールドのリングやその他のジュエリー**。ジュエリーを身に着けると、簡単にゴールドのエネルギーを活かすことができます。ゴールドのジュエリーを持っているなら、今が身に着ける絶好のときです。一日中それを見たり触れたりすれば、そのパワフルなエネルギーを再び活性化《アクティベート》させることができます。

✦**メイクアップ**。ゴールドのメイクアップを楽しめば、鏡を見たときいつもゴールドが目に入るので、このエネルギーとワークする優れた方法です。ゴールドのエネルギーを呼び出す意図をして、メイクアップに使ってください。

✦**ゴールドのキーホルダー**。外出するたびにポケットやハンドバッグに入れるので、あなたの色の小道具をいつも思い出すために最適な方法です。

物を使ったゴールドのアクティベーション・エクササイズ：目標に近づける具体的行動／アクションステップを踏みましょう

アクション・ステップとは、私たちを目標に近づけるための具体的な活動のことです。私はポジティブな思考の力を強く信じていますが、これらの考え方を実際の物理的なステップと組み合わせなければ、現実化のプロセスは行き詰まるとも思っています。ゴールドは、私たちのアイデアを物質的な現実に打ち出すための完璧な触媒です。夢に見る仕事を現実のものにするには、豊かさのキャンドルに火をともし、東を向いて、それをビジュアライズする以上のことが必要です。信じてください。私はこのアプローチを自分でも試してみましたが、うまくいきませんでした！

しばらくして、宇宙は私たちが目標に向かって物理的なステップを取るのを見ると、現実化のプロセスを速めてくれるということがわかりました。私は自分のワークを今日のものに創り上げるまでに、一体何回サイキックフェアに出たのか、数えることさえできません。あなたがあなたの魂の目的の実現に近づく機会を手にすることを、あなたのエゴに止めさせてはいけません。一度に一歩しか進んでいないように見えるかもしれませんが、宇宙があなたの足の下で動いて、あなたはもっと早く前へ進んでいるのです。

私は、これが私たちの人生の主なチャレンジの一つだと信じています。私たちは、自分たちの制限的思考を突破して、私たちの潜在的な偉大さを受け入れることができるかどうかを学ばなければなりません。顕在化は、完璧なケーキを焼くようなものです。ケーキが膨らんで意図したものになるには、材料を適切な量で混ぜる必要があります。そしてゴールドの光はケーキにベーキングパウダーを加えるようなものです。それがあるから、ケーキは膨らむのです。

1. 人生で達成したいもの、創造したいもの、あるいは受け取りたいものを考えてみましょう。考えながら、このアイデアを頭の中でゴールドの光の中に置いて、それを紙に書き留めます。意図は、頭の中だけで設定しないでください。この物質世界にアイデアをグラウンディングさせるための第一歩として、物理的に書き留める必要があります。この紙をあなたが定期的に見る、どこか目立つ場所に置きましょう。冷蔵庫または浴室の鏡の上にテープで貼るのもいいでしょう。あなたの目標や願望について、愛する人に自由に話してください。

2. このエクササイズのために使用する、ゴールドの色の小道具を選びます。小道具は好きなだけ変えることができますが、物を使ったアクティベーションのために、必ず何かを用意してください。

3. これから7日間、この目標を達成するためのステップを取ってください。新しい名刺を作ったり、ウェブサイトのドメイン名を登録したり、新しいクラスを取って自分を豊かにするなど、簡単なことから始めるといいでしょう。狙いは、目標を表現し、それを達成するための行動を取るということです。あなたの心の中で消えずにいたどんな目標も、ゴールドでポジティブに活気づけられます。それに向かい行動のステップを取ることが、あなたは今目標の達成を受け取る準備ができていると、宇宙に告げるのです。あなたがする努力の一つ一つが、宇宙を喜ばせることを覚えていてください。ベイビーステップは、積み上げられていくのです！

ゴールドのシャドウ・サイド

見栄っ張り・自己中心的・感情的レベルで孤立につながる

ゴールドのシャドウ・サイド《影の面》は、その独立のエネルギーが過度に使用されると、孤独につながるということです。ゴールドのエネルギーに自然に片寄っている人の多くは、感情的なレベルで他の人とつながることに問題があります。このため、非常に成功したビジネスの持ち主はしばしば不幸なのです。彼らに勢いと自信を与えるエネルギーと同じエネルギーが社会的孤独につながり、配偶者や愛する人からも孤立する可能性があります。ゴールドのエネルギーは、偉大なことを起こすことへの恐れをなくします。その一方で、私たちがゴールドのシャドウ・サイドにいるとき、私たちは冷たく、見栄っ張りで、自己中心的と思われる可能性があります。

ゴールドの光を使うと、あなたは自分のマインドがブレインストーミングをたくさんしているのに気がつくでしょう。そんなときは、この色のエネルギーにアクセスして物事を完了させるチャンスです。でも同時に、もっと一人でいたいと思っている自分にも気がつくかもしれません。愛する人たちから自分自身を遠ざけないように、注意してください。

ゴールドのエネルギーを活性化《アクティベート》することは、海をシュノーケルをつけて泳ぐようなものだと考えてください。シュノーケルは素晴らしい道具です。下を見て、発見した活気に満ちた海の生物からインスピレーションを得ることができます。でも、すべてのインスピレーションを吸収したら、上を見てマスクを脱いでボートに戻り、あなたが見たものをワクワクしながら友人に伝えましょう。さもなければ、あなたはその美しさに包まれたまま、でも完全に一人で、他の人々から切り離されたままです。

第4章 シルバー

特質：神の女性性の側面・知恵と家庭

シャドウ・サイド：慈悲の心の欠如／バランスの悪い家庭のエネルギー

シルバーは、人生での安心感、家庭での安心感を増すために効果的

月がそうであるように、シルバーはパワフルな神聖な女性性のエネルギーを持っています。これから触れていきますが、シルバーと月はしばしば人々の意識の中で密接に結びついています。ゴールドの陽のエネルギーに対する陰として、シルバーはあなたの人生での安心感、特に家庭での安心感を増すために非常に効果的です。女性性のシルバーはとても安定したエネルギーを持っていて、私を安全だと感じさせてくれます。お母さん熊が自分の子を守るのと同じように、シルバーは自然にあなたの家族とホームグラウンドを守ります。

シルバーは、月と同様に、女性性のパワーに関連しているという確立された歴史を持っています。実際、多くの月の女神たちは、世界中の神話で彼女たちの持つパワーゆえに崇拝されてきました。部族社会では、月、そのためシルバーも、伝統的に神聖な女性性のエネルギーに関連付けられています。ハワイの女神ヒナ、アフリカの女神グレティ、そして南アメリカの女神チアは、パワフルな女性のシルバーの戦士たちのほんの一例です。古代ギリシャの女神の中で最も尊敬されている一人のアルテミスは、シルバーの三日月に象徴されました。彼女は、自然、動物、若い女性、および出産時の女性の保護者でした。古代ローマ神話では、ルナは月の神聖な化身であり、神の女性的構成要素であると考えられていました。世界中の多くの月の女神は、

保護とより高次の知恵にも関連付けられています。運のいいことに、私たちはシルバーのエネルギーを増やすことで、これらの資質をいつでも望むときに活用することができます。

科学の世界では、銀（周期律表のAg）は自然界の貴金属の一つですが、シルバーのエネルギーと象徴的に類似する特質を持っています。金属の銀は強く、また同時に打ち延ばしができる性質があり、どんな状況でも必要とされるものに最も適した形状に成形されます。このように、シルバーのエネルギーは私たちにパワフルな保護を提供するだけでなく、私たちが時々切望する安全とサポートを提供してくれます。金属の銀は、すべての金属の中で最も高い熱伝導率を持ち、これは文字通り、自然界の他のどの金属よりも多くの熱を扱うことができるということを意味します。そのエネルギーを使うと、その鮮やかな光があなたの人生のすべてを包み込むまで、あなたの強さと内なる知恵の両方を集中させるのを助けてくれます。

シルバーは自然な反射性を持っており、シルバーのパワーの中に映された自分自身を見ることで、自分自身をシルバーの知恵に高めることができます。これはまさに、私が女性性のシルバーの光について感じていることです。あなたがそれを活用し注意を払えば払うほど、このきらきらと輝くエネルギーは、あなた自身の人生でよりいっそう明るく輝きを増します。

シルバーと家庭の聖なるエネルギーの間には、象徴的な関連があります。私のお気に入りの一つは、結婚25周年を祝う銀婚式です。この記念日に、カップルは伝統的に、忠実さと愛のしるしとして銀の贈り物を交換します。興味深いことに、記念日の伝統はすべて銀で始まり、神聖ローマ帝国にまでさかのぼります。そこでは、夫は妻に25周年記念日に銀の花輪《リース》をプレゼントしていました。アメリカでは現在、毎年結婚記念日に贈り物をするのが普及していますが、銀（25周年）と金（50周年）は世界中で最も一般的にみられる記念日です。

銀の25周年記念の背景にある考えは、銀は貴重で長持ちするということです。ですから、銀の贈り物は、カップルが共に歩む人生への長期的な投資を象徴しています。この中心的テーマがあるため、多くの国々の君主は、25年間の統治を記念して即位25周年記念（シルバー・ジュビリー）を祝います。シルバーは、あなたがいる場所の安定と安全を記念する完璧なエネルギーです。

あなたの家はあなたの意識の反映です。私はこのことを頻繁に言い、自分の中心《コア》まで強く信じています。この概念は、あなたとシルバーのエネルギーとの関係と密接に関連しています。私が意味するのは、あなたが自分の生活空間を扱うやり方が、あなたが自分の人生全般についてどう感じているかに直接関係しているということです。あなたとシルバーとの関係を探り、それがあなたの家庭のエネルギーにどのように影響しているかを見てみましょう。

今まさにこの瞬間、新しい友人があなたに突然電話してくると想像してみてください。彼らは近所にいるので、あなたの家に立ち寄って挨拶したいと言っています。あなたはどのように感じますか？　あなたは友人に会えると、喜びと熱意で応えるかもしれません。すぐに彼らを招待し、彼らが到着したら、愛に満ちてエネルギーが広がるのを感じるかもしれません。または、少し時間が必要だと告げて、家が散らかっているのを掃除するかもしれません。家が汚れていたり、または物がいろいろ置いてあって、彼らに見られたくないかもしれません。または、やりとりを完全に避けたほうが簡単だと思って、今忙しいからと断るかもしれません。あなたの答えの背後にある感情とエネルギーを、ここで見てみましょう。あなたは他の人とあなたの家をシェアすることを誇りに思いますか？　あるいは、それとは違う気持ちになりますか？　あなたが知っているかどうかにかかわらず、その気持ちはあなたの意識に吸収されています。

あなたの空間に誰かが入ってくることへのあなたの反応は、あなたのシルバーのエネルギーとの関係について多くを語っています。もちろん、この瞬間いくらか心配を感じるのは、完全に妥当なことです。あなたはお客さまが来るとは思ってもいなかったので、おそらく家が少し乱雑です。でも、ここで私は、あなた個人の空間に人がいることに関するあなたの全体的な態度のことについて言っています。あなたがこのことに悪戦苦闘するのであれば、シルバーを使ってワークすることであなたは力づけられて、あなたの家を取り巻くエネルギーを守り開くことの両方ができるようになるでしょう。

失くしてしまった家庭という聖域：シャドウ・サイドが現れた私の一例

正直に言います。過去にシルバーは、私にとってはつらいエネルギーでした。初期のころ、予期せぬ訪問者が来ると考えただけで、私はよく不安を感じ、躊躇しました。私の生活空間は一見整然としていましたが、物が置いてあって邪魔にならないように、引き出しの中にいろいろ詰め込む傾向がありました。このように物を片付ける必要性が自分にあるのは、場所のエネルギーに自分がとても敏感であることが原因の一部になっているか、または私の中の牡牛座が、物事はこのように見えてほしいと思っているのが原因だと考えていました。でも、私のアパートの引き出しやクローゼットのドアを開けると、おろそかにされて手当たり次第詰め込まれていたものが勢いよく飛び出したものです。デイビッドと私が最初にデートしていたとき、彼はニューヨークシティの私のアパートに来て冷凍庫のドアを開けて言いました。「えっ、なぜここに未開封の郵便があるの？」

振り返ってみると、このシルバーのエネルギーのアンバランスは、私の思春期に両親が離婚したことに起因すると思います。彼らには相容《あいい》れない違いがあったため、別れは2人にとって正しい選択でしたが、家庭の安定は、私の人格形成の時期に奪い去られました。私は17歳のときに自分で家を出ました。独立したいと言っていましたが、本当に私が欲しかったのは、失くしてしまった家庭という聖域でした。その時点で私はすべてを完全に処理できていなかったのです。

これが、私が結局引き出しの中に物を詰め込むようになった理由だと思います。両親の結束を失う痛みが見えないように詰め込んでいたのです。シルバーのシャドウ・サイド《影の面》が人生に現れていました。清潔で整頓された家を持つことは、私がそのころコントロールできる数少ないものの一つでしたが、私は物事を表面上秩序あるものに保つ方法しか知りませんでした。

この頃の私の母との経験は、女性性のシルバーのエネルギーとの私の複雑な関係にも影響しました。私は母を愛していますが、母は常に境界線《バウンダリー》で苦労してきました。私が10代後半のころ、母は重いアルコール依存症の人と恋に落ちました。家族はすでに私の両親の離婚による予期しなかった影響に対処しなくてはならなかったので、この頃は私にとって非常に困難な時期でした。私は母とニューヨークに住んでいて、母は貧しい人たちのために避難所でボランティアを始めました。彼女はそこでホルへと出会って恋に落ちました。私はそのような、自分を衰弱させる中毒で苦しむ人に惹かれることが理解できず、結局のところ、私が人生で決定的に傷つきやすい時期に母は私よりも彼を選択したように感じました。振り返ってみると、彼女はただ、必要とされ望まれていると感じたかっただけなのだと思います。

当時、私たちの役割は少し逆転しており、どんな親でもそうするように、私は母のロマンチックなパートナーの選択を声に出して反対しました。離婚した両親の子供にとって、両親が新しい誰かとデートして恋に落ちるのを見るのは、居心地の悪いことかもしれないと私は思います。彼らにとって明らかに不健康な相手を選んでいるときは、さらに困難です。

私は、両親の離婚が確定した後、母と私で家庭という感覚を再建することを望んでいました。私たち皆が母親から欲しいと思う、あの保護してくれるシルバーの女神のエネルギーを、私はまだ渇望していました。私はサポートと滋養の感覚を切望していましたが、私の母は単にそれを提供できませんでした。彼女は意図的にそうしたわけではありませんが、当時の母の状況が原因となり、新しいパートナーのケアに専念していて、私のためには居てくれませんでした。

もし、あなたの愛する人が中毒に苦しんでいたら、彼らがこのような問題に対処しているとき、それがどれほどあなたの人生に深刻な影響を及ぼすかわかると思います。彼らが完全に病にどっぷりつかっているとき、彼らの家には、混沌とした予測不能な、非常にアンバランスなシルバーのエネルギーがあります。私は母と一緒に暮らしたいと思っていましたが、ホルヘがそこにいたときには、ただ安全だとは感じることができませんでした。

2人は、彼の禁酒の度合いによって、一緒になったり離れたりして生活していました。学校から帰ってきたとき、私は彼がしらふのバージョンの彼なのか、完全に酔ってコントロール不能なのか知るすべもありませんでした。2人が一緒にいるのを見るのはあまりに苦痛で耐えがたかったので、私は一人で住むために家を出ました。私はニューヨークを出てダラスに行き、姉が住んでいた場所の近くに引っ越しました。

シルバーを活性化して母親や家のアンバランスを見つめ直したレッスン

私は引っ越した後、母との関係を良くすることができるかどうか知りたくて、初めてシルバーを活性化《アクティベート》し始めました。一度母を訪ねたときに、私はシルバーの安全と境界線《バウンダリー》の面に焦点を当てて、自分をケアすることにしました。定期的にシルバーをビジュアライズしていたら、私は母と彼女のパートナーと一緒の場所に泊まるのではなく、近くのベッド&ブレックファスト（B&B）に泊まるという考えを思いつきました。これは私の年齢の子供にとっては大胆な行動でしたが、私は自立を確立しており、自分を守ろうとしていたのです。私の決断によって母は傷つきました。私はできる限り一番丁寧なやり方で、自分は単にホルへと一緒にいてもくつろげないのだと説明しました。

私がベッド&ブレックファストにチェックインすると、ジャンという名の60代初めの素敵な女性オーナーが出迎えてくれました。彼女は、お皿に載せたバタークッキーと一緒に、花模様の磁器のティーカップでカモミールティーを出してくれました。そして、私を見ると彼女の息子を思い出すと言いました。私にとって彼女は、シルバーのエネルギーが文字通り具現化した存在のように感じました。私がお茶を飲み終えると、彼女は1800年代後半に建てられた彼女の家の荘厳な階段を上り、私を案内してくれました。

「このあたりはとても安全ですが、皆さんに気持ちよくくつろいでもらうために、10時にドアに鍵をかけます。それより遅く帰ったときのために、正面のドアの鍵を渡しておきます。朝食は9時です。あなたがパンケーキと卵が好きだといいのですが……。何かが必要な場合は言ってくださいね」

彼女は静かに私の部屋のドアを閉め、私はいろいろな気持ちを感じながら部屋を見回しました。私の一部は、ここが自分の母親の家だったらよかったのにと思っていましたが、この居心地のいい部屋での一番強い私の気持ちは、私は安全だと感じたことでした。私はアンティークの四柱式ベッドに座って、柔らかいコットンのキルトを自分の下に感じていました。ナイトテーブルには、丸いシルバートレイの上に水の入ったガラス製の水差しが置いてありました。ベッドの向かい側には暖炉があり、暖炉の上の棚には、シルバーの額に入った彼女の家族の写真が4枚ありました。部屋のすべての物に愛と意図がありました。私はこの旅の前にシルバーをビジュアライズしていました。それを自分のまわりに見たため、そのエネルギーを思い出したことに気づきました。これは、自然発生的なユニバーサル・アクティベーションの、私の初期の経験の一つでした。

自分のまわりをよく見て、これが私が探していたものの物質的表現であることに気づきました。シルバーの光は、私が母親に期待していたことを解放するのを助けてくれました。そして私は、このエネルギーを他のところから受け取ることができることも理解しました。シルバーの光は無条件で彼女を愛する力を私に与えてくれ、私自身のニーズと境界線《バウンダリー》を理解する力もくれました。私は何とか母親を変えてくれることを期待して、シルバーにフォーカスしていましたが、代わりに私が変わりました。シルバーを活性化《アクティベート》することで、私の家にあるアンバランスを正直に見ることができました。

シルバーのエネルギーは、家庭の目的は、育まれ、安全で、保護されていて、そして最も重要なことに、歓迎されていると感じることであると、私たちが理解するのを助けてくれます。私たちの聖なる場所に敬意を払うということですが、完璧を作ることではありません。これは私が学ぶ必要のあったレッスンでもありました（章末のシャドウ・サイド《影の面》を参照）。最高のところでは、シルバーは私たちが自分の家庭を通してコミュニティとサポートの感覚にアクセスすることを助けてくれます。

最後に、ここでシルバーについて考える材料を提供したいと思います。私が「女性性の」エネルギーについて語るとき、それは文字通りあなたの性別とは全く関係がなく、あなたがこの惑星上のユニークな存在として誰なのか、ということのすべてと関係しているのです。私たちは皆、男性性と女性性の特性を持っています。シルバーとゴールドの両方が、男性性エネルギーと女性性エネルギーのバランスを見つけるのを助けてくれます。男女の性別による役割に、これらの色を等しく探求することを妨げさせないでください。私があなたに望むのは、シルバーとゴールドの両方とワークすることによって、あなた自身の中で両方のエネルギーの最良の側面を最大限に活かしてほしいということです。

シルバーのアクティベーション・ノート

私の家庭生活はどれくらいバランスが取れているでしょうか？

女神のエネルギーが、コミュニティと家庭両方の大切さを認識させてくれる

あなたの家にはエネルギーがどれくらい入ってきていますか？　そしてどれくらい出て行きますか？　シルバーを活性化すると、家庭のエネルギーのバランスが強調されます。あなたは自分が住んでいる場所をいい状態に保つことを、おろそかにしていますか？　それともあなたはそれを過度にコントロールしていますか？　あなたは一人でいるのが嫌なので、他の場所で幸せな思い出を作り、家で過ごすことは滅多にありませんか？　あるいは、自分の安全な場所に自分を隔離して他の人をそこに招くことなく、家で過ごす時間が多すぎはしませんか？　あなたが生まれながらのおもてなし上手であれば、シルバーはあなたが健康的な方法でそのエネルギーを拡大するように導いて助けてくれるでしょう。一方、あなたが他の人と自分の家をシェアすることをためらっているならば、シルバーはその背後にあるエネルギーを見ることを助けてくれるでしょう。

シルバーの女神のエネルギーは、私たちがコミュニティと家庭の大切さを認識するのを助けてくれます。通常私は、これらのものが別々に存在するものとして見ていますが、シルバーはこれらがバランスを取って共存することがいかに重要であるかを教えてくれました。私たちが家庭をケアするやり方や人々を家に歓迎し迎えるやり方は、引き寄せの法則と直接関係しています。シルバーの歓迎のエネルギーは、私の最も有意義で楽しい友情のいくつかを現実化するのを助けてくれました。

ニューヨークシティでの結婚式の後、デイビッドと私はアパートを引き払ってロサンゼルスに引っ越しました。私たちはニューヨークのアパートで育てた聖なるシルバーのエネルギーを愛していましたが、もっと広いところに住む準備ができていました。私たちは仕事でロサンゼルスに年に2～3回来ており、引っ越しはアパートではなく家に住む素晴らしい機会に思えました。600平方フィートのニューヨークシティのアパートに住むために支払ったのと同じ金額で、私たちはロサンゼルスに宮殿のように感じる物件を借りました。

「キッチンからベッドルームまで81歩ある！　ジムに行っているって言えるよね？」

「何？　聞こえないよ！」。デビッドは冗談めかしてキッチンから大声で言ったものです。

私たちは新しい生活環境をおおいに気に入っていましたが、まだ新しい街で魂のグループを持っていませんでした。ニューヨークで私たちは、ソウルメイトの友情を持った小さくも実り多いサークルがあって、ロサンゼルスでも同じように、そんな状況を根付かせたいと思っていました。私たちは、新しい家でシルバーのエネルギーを開くことの一部に、あらゆる種類の社交的な招待に「イエス」と言うことを含めると決めました。まじめな話、スーパーマーケットのレジで並んでいるときに、誰かがコーヒーを飲みに家に来ないかと誘ってくれたら、私たちはイエスと言っていたでしょう。

宇宙は、私たちが切望する物を私たちに与える前に、私たちが努力するのを見たいのだと、私は強く信じています。ですから、私は新しいサークルを創る努力をしなければならないことを知っていました。私はロサンゼルスで知っていた仕事の知り合い全員に電話をかけて、人々とどのように友人関係を創れるのかを試し、女性性のシルバーのエネルギーを育てることにしました。

シルバーを活性化《アクティベート》するとき、私は、新しい街で安全で安定したコミュニティを創ると意図しました。私はより多くのシルバーのエネルギーを育てたいと思っていました。引っ越し荷物を解きながら、私は、私たちがいい友達と夕食のテーブルを囲んで笑っているところをビジュアライゼーションしました。数日後、電話の連絡先に目を通しているとき、私はマリリン・ケンツという名前を見つけました。頭の中でなにかがひらめきました。私はマリリンを数年前から仕事の友人を通して少しだけ知っていました。彼女のことをよくは知りませんでしたが、彼女がロサンゼルスに住んでいることは知っていて、いつもフレンドリーだったので、連絡してみることにしました。〝私たちはつい最近ロスに引っ越してきました。お会いしたいのですが、ランチか何かご一緒しませんか〞とEメールを彼女に送りました。すると10分以内に電話が鳴りました。

「もしもし？」

「ドゥーガル、マリリン・ケンツです。Eメールを見ました。あなたの家はうちのすぐそばだと思うわ！」

マリリンと私はそれから10分くらい、お互いにとても近くに住んでいるなんて面白いねとおしゃべりをしました。国を横断して引っ越してきて、こうしてご近所同士になるなんて、考えてもいませんでした。デイビッドと私は結婚したばかりで、冒険をしようとロサンゼルスに引っ越してきたと、私は説明しました。

「結婚したばかりなの！　それじゃあ決まりね。今晩ディナーにぜひ来て！　すぐシャンパンを冷やすわ。レイミィのこと覚えているかしら？」

「もちろん、レイミィのことは覚えているよ」。レイミィはマリリンと私の共通の友人で、2人を紹介してくれた人です。

「あのね、彼女はうちから通りを渡ったところに住んでいるの。すぐ彼女に電話するわ」

私は電話を切って、デイビッドに1時間後にディィナーパーティーに行くことになったと言いました。これがどんなにエキサイティングですごいことだったか説明できません。マリリンがあんなに自発的に寛大で、歓待してくれるなんて、私にとっては衝撃的な出来事でした。私たちは知り合いでしたが、彼女を私の家に招待したことはなかったし、私も彼女の家に行ったことはありませんでした。それなのに、たった1回の簡単なEメールの15分後に、彼女は私たちを自宅に迎え入れてお祝いをしたいと思ったのです。

その夜、ロサンゼルスの涼しいそよ風を楽しみながら外に座り、柑橘《かんきつ》類の木々に驚嘆しながら、私は新しい家でシルバーのエネルギーを活性化《アクティベート》したことが、大きく功を奏したと知っていました。マリリンとレイミィは、私たちがロサンゼルスでコミュニティと家族を育てるのを助けてくれた、最も親しい友人になりました。今日までずっと、マリリンを招いてディィナー・テーブルを囲み笑って過ごすのは、私たちの人生で一番喜びに満ちた、シルバーのエネルギーの表現の一つです。マリリンは、健康的なシルバーのエネルギーの完璧な例でもあります。自分の友人を守りながら新しい友人も歓迎し、彼女は愛する人たちの安定したコミュニティを育てるための道具として、どうやって家を使ったらいいかという、素晴らしい一連のお手本を見せてくれました。

シルバーのスピリチュアル・アクティベーション

家庭的なエネルギーを育てるため、聖なる空間を守りながら魂の友人を招待する

心の中で今あなたの家をざっと見渡し、あなた自身がどれだけそこに真に反映されているかを測定してみてください。それはまあまあ手入れされていて、あなたの愛が注がれていると感じますか？　壁を見てください。そこにはあなたに喜びをもたらしてくれる個人的な写真やアート作品がありますか？　理想的には、あなた独自の個人的なエネルギーが刻まれた装飾品や小物があるといいでしょう。見知らぬ人には、家に気を配っているかのように見えるべきです。あなたの浴室はほどほどにきれいでなければなりません。また、できれば、ある程度は定期的にベッドのシーツを交換してください。もし誰かがあなたの家を見たとき、恥ずかしい思いをすることがないようにあなたの家が整えられているなら、あなたはシルバーと健全な関係を持っているということです。

知っておいてほしいのは、あなたがシルバーとの健全な関係を保つために、あなたの家がいつでも完璧できちんとしている必要があると言っているのではないということです。私が時々、洗濯物を畳んで、食器洗い機からきれいな食器を取り出し片づけるよりも、カウチで丸まって本を読みたいと思うことを、天はお見通しです。でも、ここでお伝えしているのは、あなたが家に気を配る全体的なやり方は、シルバーについて、そしてあなたの人生一般についてのあな

たの態度を反映しているということです。あなたの家が敬意を払われている聖域であるように感じない場合は、あなたのシルバーのエネルギーとの関係は、ミュートになっているか、または調子が悪いのかもしれません。もし、あなたの家が無視されているとしたら、あなたの人生の他の要素も無視されている可能性があります。その一方、あなたが（以前の私のように）過度に細かなことにこだわって、誰かを招待するのを避けているならば、シルバーのエネルギーのこのアンバランスを癒やすために、コントロールを緩めるようにワークすべきだということを示しています。

もしあなたが、私のように内向的な傾向があるならば、ディナーを主催するという考えからも尻込みするかもしれません。でも、シルバーと完全にバランスの取れた関係を保つためには、愛する人たちを時には招待しなくてはいけません。要は、聖なる空間を守りながら、同時に友人たちが完全に私たちの仲間《トライブ》に統合されるようにすることができる、ということです。

健康的なシルバーのエネルギーの重要な要素は、あなたの魂のグループに来てもらい、あなたがその愛情深い「家庭的な」エネルギーを育てるのを助けてもらうことです。もしこれがひどく緊張するような場合は、たった一人の友人を招待してもいいでしょう。これならできそうと感じられれば、ぜひ実際にやってみましょう。いろいろな新しい人たちを招待することを考えてみましょう。もっとたくさん友達を創りたいと思っている知り合いはいませんか？　そんな知り合いを招いて、あなたの他の友人に会える機会を創ってあげてください。これは、シルバーの女神のエネルギーがあなたを通して注がれる、素晴らしいやり方です。あなたが料理をするのが大好きなら、人のために料理してください。あなたがそのようなことは好きでない、またはそのことについてストレスを感じるならば、できた料理を買ってきて、友人を呼んでください。これは、彼らのために実際に料理するということより、あなたが人々を自分のスペースに歓迎して迎えるということの、背後にあるエネルギーに関係しています。あなたが自分の家でより安全と愛を感じるなら、あなたはシルバーを適切に活性化《アクティベート》しているということです。

シルバーのスピリチュアル・アクティベーション・エクササイズ：聖なるエネルギーはこうして創りましょう！

あなたの家は、バランスの取れたシルバーのエネルギーの大きな部分にあたるので、そこに愛の感覚を創造することが大切です。私は私たちの家を、人々を歓迎する暖かいところにするのが絶対的に大好きなので、これは私の好きなエクササイズの一つです。

このエクササイズの目標は、「家庭的な」活動の真最中に、スピリチュアル・アクティベーションを行うことです。家庭的な活動とは、あなたにとって真に家を象徴するようなリラックスさせてくれる何かで、活動がカバーする範囲は、ほとんど無限ですが、ここにいくつか例をあげます。

●キャンドルに火をともし、灯りを薄暗くして、あなたの好きな音楽をかける。
●リラックスしてお風呂に入る。

●健康的な食事を準備する。

あなたの感覚で家を創る活動を楽しんでいる間、シルバーをビジュアライズしてみてください。シルバーをスピリチュアル的に活性化するとき、熱で溶けたほぼ液状の銀を想像してください。私のクライアントが、シルバーは自分の身体の上の光沢のあるコーティングのように感じる、と言うことが時々あります。心の眼で見ると、シルバーは他の色よりもゆっくりあなたの中を通って動くはずです。私にとってこれは、シルバーの保護的な特徴を感じるもので、家庭のバランスを取る意図と関係があります。親友からの長くて心を満たしてくれるハグのように、シルバーはあなたの中心《コア》を愛し、抱きしめてくれます。スピリチュアル的にシルバーを活性化するとき、特別長めに時間をかけてみてください。この女神のエネルギーは、パワフルに保護をしてくれ、同時に深くて深遠なのです。

シルバーのユニバーサル・アクティベーション

月の光を見上げる時間を創ることは、自分自身の滋養につながる

先に見たように、シルバーは女神のエネルギーと共に月と言及されることが多いのに対し、太陽はゴールド、男性性のエネルギーの象徴として使われます。太陽はまぶしく強烈で、時には少し過剰なこともあります。しかし、月のことを考えてみてください。――誰も、月が眩《まぶ》し

すぎるとか、月の光があまりに強くて月焼けしたと言ったことなどありません。女神の微細なパワーとシルバーのエネルギーは同じです。いつでもそこにあり、私たちがそれに気づかないときも、私たちを導いてくれています。あなたのこの異なる部分を活性化《アクティベート》して意識するため、時間を取って月を見上げてみてください。あなたの人生でシルバーが見えるとき、あなたは自分自身の滋養につながります。あなたは保護の感覚と聖なるスペースを呼び出しているのです。

ユニバーサル・アクティベーションには、私たちが外出している時に見えるものも含まれていますが、シルバーは主に私たちの家に関連しており、これらの項目で私はそのことにフォーカスしました。シルバーを活性化して他の人との交流に影響を及ぼすこともできますが、この特別な活性化は、私たちの家庭と個人のスペースを調べる機会を提供してくれます。

シルバーのユニバーサル・アクティベーション・エクササイズ：あなたの家・環境に愛とケアを投資する

人は家事となると、時に先延ばしにしてしまいます。私たちが自分の家の手入れをして自分の空間を尊重すると、私たち自身の自己愛と地球に伝えるエネルギーが拡大します。ちょっとした家の改善に、どれくらい予算を使えますか？　壁を塗り替えたり、新しいカーテンを購入したり、シャワーカーテンを交換したりなどです。本当に予算を低く抑えるのであれば、あのホールの、ずっと手つかずにしていたクローゼットをきれいにするだけでもいいのです。家のシンプルなことをなにか選んで、そのプロジェクトを完了させてください。これは瞑想の一つの形であり、愛、シルバーの保護、敬意をあなたの空間へ注ぎ込む方法であることを覚えておいてください。

あなたの家を歩いてみましょう。手入れを必要としている細部に注意を払いましょう。雨の日にしようと、先延ばしにしていた小さなことは何ですか？　例えば先月、私たちは小さな仕事をいくつかしてもらうために、便利屋を呼びました。浴室のスイッチプレートを交換する必要がありました。廊下に追加したい照明器具もありました。私たちはまた、彼にパティオにカフェの照明をつけてくれるように頼み、私たちのオフィスのアクセントウォールも塗ってもらいました。２００ドル以下で私たちは自分たちの聖なる空間をケアして、仕事が終わった後の感覚は、とても幸福でした。これらは調整が必要な小さなことでしたが、あなたがもし私の反応を見たら、プールを設置したのだと思ったことでしょう。私たちの家が尊重されたと私は感じ、その日はシルバーのエネルギーがとても美しく流れていました。あなたも自分自身のためのリストを作って、同じことをするのをお勧めします。

あなたがどこにいても、シルバーに気づいたらいつでも、あなたのリストにある今週達成できることを思い出してください。シルバーのアクティベーションを、あなたの家に愛とケアを注ぎ込むための動機付けとして使ってください。

シルバーのアファメーション

私は愛情深いシルバーの抱擁に守られています。

物を使ったシルバーのアクティベーション

ゲストを迎えるときは愛情と歓迎を込めたテーブルセッティングに

シルバーを活性化《アクティベート》するための私の好きな方法の一つは、特にゲストをお迎えするとき、食事のテーブルをセッティングすることです。友人を招待すると、あの愛情深いシルバーのエネルギーを与えて受け取ることができるので、私はテーブルクロスを選ぶのが楽しみです。シルバーのエネルギーを、私たちが座るところに意図して取り入れて選びます。シルバーのナプキンホルダー、シルバーのサービングスプーン、シルバーのキャンドルホルダーは、いつも私が部屋にシルバーの意図を注ぐときには欠かせません。木からレモンをいくつか取ってきて、見た目、色、香りを楽しむためにシルバーのボウルに入れることもあります。私はテーブルをずいぶん早い時間からセッティングします。セットされたテーブルを見ると幸せな気持ちになるからです。ゲストのために準備しているときの私の意図は、彼らを歓迎するリラックスした愛情のある雰囲気を創って、ゲストに敬意を払ってもらっていると感じてもらうことです。

あなたの毎日に取り入れることができるシルバーの小道具には、次のようなものがあります。

✦**シルバーのフォトフレーム**。これを使って、あの愛情深いシルバーのエネルギーを創るために愛する人を飾ることができます。

✦**シルバーのトレイか大皿**。私の好きな色の小道具の一つは、ガラスかクリスタルのキャンドルホルダーを載せた反射性のシルバーのトレイです。キャンドルをともしたときにここに創り出される反射で、私の心は歌い出します。

✦**シルバージュエリー**。シルバーのブレスレットやリングは、保護的なシルバーのエネルギーを一日中呼び出すのに素晴らしい方法です。

物を使ったシルバーのアクティベーション・エクササイズ：あなたの家に聖なるシルバーのコーナーを特別に創る

シルバーのエネルギーは家に関連付けられているので、私がお勧めする色の小道具は主に家財道具にフォーカスしています。私の家族の家では、シルバーの物は「特別なとき」のために、いつもしまってありました。さあ、今がシルバーの物を取り出す、その特別なときです。このことを念頭に、あなたの家に聖なるシルバーのコーナーを創ると有益だと思います。敬意を払うためにシルバーを物質的に活性化する、意図的な場所のようなものです。

シルバーのエネルギーとつながることができる場所を選んでください。ヨガやストレッチをするスペース、瞑想のための隠れ場所、あるいは他のどんな部屋でもかまいません。そのスペースにシルバーの物を置いて、そこであなたの存在の女性的、家庭的な面を思い出させてくれるように、シルバーを物質的に活性化《アクティベート》しましょう。

シルバーのシャドウ・サイド

過剰な保護と支配・溜め込み・エネルギー交換や流れを妨げる

シルバーのシャドウ・サイドは、主に自分の家をなおざりにしたり、混沌としたエネルギーが続くのを許しているということです。また、自分の家の空間を支配していたり、あるいは過剰に保護するという現れ方をすることもあります。あなたがシルバーのシャドウ・サイド《影の面》に傾いているなら、あなたの生活状況は散らかっていて活気がなく、または整えられていなくて、混乱していると感じるでしょう。なんでもため込む人は、通常、アンバランスなシルバーのエネルギーの極端な例です。私たちのスペースにアンバランスがあると、エネルギーを与えたり受け取ったりすることはチャレンジになってしまいます。たぶんあなたは、自分自身に過度に保護的なため、シルバーのエネルギーが流れるのを妨げているのでしょう。シルバーの光が、あなたが自分のエネルギーと自分の空間をクリアにするのを助けることを、許可してください。

第5章

青

特質：真実と知恵

シャドウ・サイド：回避／恐れまたは欺瞞《ぎまん》

青は、基本的な正直さや真実を学ぶことを教えてくれる

青とワークすることは、エネルギーの真実セラムを注入するようなものです。それは、オーセンティック（本物）かつ意味あるやり方で、私たちの考えていることを話す決意を与えてくれます。私たちが他者にこうあってほしいと望むことがありますね。そのとき、他者が本当はどんな人物であるかを私たちが見ていく際に、経験するかもしれないあらゆる真実への曇《くも》り、さらには否定や拒否を、青は取り除く助けをしてくれます。

青は、赤と黄色と共に三原色の一つで、色のスペクトルにある、実質上他のすべての色を作るために必要です。これは象徴的に満足のいくものだと私は思います。なぜなら、これは私が青に見る特質と一致しているからです。他の様々な色を作り出すためには、青をベースに取り入れなくてはならないのと同じように、どんな状況にも進んで真実を取り入れようとすることは、青のレッスンを学ぶ上での主要な要素です。

古代エジプトでは、青という色は神性と関連していました。エジプトの神アメンは、青い空に姿を隠して飛び、人々が本当には何をしているのかを見るために、肌を青くしたと言われていました。ヒンズー教の神ビシュヌは、芸術作品の中で、そのひときわ青い姿が目を引きますが、世界の保護者であり、すべての存在について同時に知る力を持っていると言われていまし

た。

世界の多くの地域で、青はまた、私たちを悪から守ると考えられています。トルコとギリシャの人々は、私たちに害を与えることを望む人々からの「悪の目」をかわすために、神の目を表す目の形をしたお守り、青いナザールを身に着けています。中東では、中央に青い目がある、手の形をしたハムサという魔除けが、他人の嫉妬《しっと》から自分たちを守るために家によく吊《つ》るされます。ここにも関連性があります。なぜかというと、嫉妬とねたみは、しばしば自分たちの内にある真実と向き合うことから私たちをそらすための、マインドのやり方だからです。

青はしばしば信頼性に結び付けられます。これが多くの法の執行機関が制服に青を使用している理由かもしれません。この文脈では、青は誠実という印象を象徴するために使用されています。青は昼間の空と海の色ですから、外に出たり水域の近くに来ると自然に目に入る最も一般的な色の一つです。私はこれは意味があることだと思います。真実と知恵の色が、そのように自然に豊かに文字通り地球を覆っているのですから。そして、象徴ということについて言えば、結婚の忠誠よりも深い真実の象徴などあるでしょうか？　私たちは、お互いに「真実である」という意思をもって誓いを立てます。花嫁は、伝統的な忠誠の印として、何か青いものを（なにか古いもの、新しいもの、借りたものと一緒に）しばしば身に着けます。

私たちはこの惑星に生まれ出るとき、ある種の基本的な真実を学ぶことになっていると私は信じています。感謝、強さ、慈悲の心、歩み寄りは、私たちが学ぶようにとチャレンジされているかもしれない人生のレッスンのほんの一部です。でも、この知恵を得るための具体的な道筋を決める日々の決定は、自分でコントロールできます。これが自由意志が存在する理由です。進化の機会を与えられるように、私たちは自分自身の選択（そして間違い）をしなければなりません。

自分たちの人生にどのような計画や目標を設定しても、けっきょく私たちが行うすべての決定は、自分自身で個人的な真実を学ぶように私たちを導いています。私の見解では、これが私たちが人生のある時点で痛みや喪失を経験する理由です。そのような瞬間は、真実の要素を明確にし、私たちが前に進むために必要な洞察を提供してくれます。青の正直さは、私たちの意識からベールを取り払い、宇宙の真実を明らかにしていくのです。

私のセクシュアリティの真実：青の活性化で流れ込んできた祝福の一例

私は青という色と、非常に特別な関係があります。青に促されて私は隠れるのをやめ、家族に自分が同性愛者だと告げたのです。私は15歳で初めて色のエネルギーを学び始めました。そこで青に触れた途端、私は人生のすべての領域で正直でありたいという熱望でいっぱいになりました。青は、私が自分のセクシュアリティの真実を受け入れることなく、真にオーセンティックな人生を送ることはできないと理解するのを助けてくれました。私は保守的な町で育ち、多くの同性愛者の子供たちと同様に、家族とコミュニティに拒絶される恐怖から、自分の真実を認めるのをためらっていました。青のシャドウ・サイド《影の面》に生きていたため、私の人生にはいくつかの悪影響がありました。

私は18歳からプロとしてリーディングをして、いい仕事をしていましたが、この秘密を隠していることが、他の人のためにより深い洞察にアクセスすることへのブロックとなっていたのです。〝個人的な真実を避けることは恥〟という思いを引き起こし、それがさらに、様々な形で他の問題につながる可能性があります。私のリーディングにネガティブな影響を与えたこと以外にも、真実を避けたために私は、それによって作られた虚《むな》しさを埋めるために、感情的なまでに食べるようになりました。

私たちは皆人生で答えを探しています。なぜ私たちはある状況では恵まれ、他のときはチャレンジを与えられるのか、その理由を理解するためです。個人的な問題で苦しんでいるとき、ほとんどすべての人は、「なぜ私が？」と思う瞬間があるでしょう。今では私は祝福であることを知っていますが、同性愛者であることは、私の人生の早い段階ではチャレンジでした。私の学校には同性愛者を軽蔑《けいべつ》して中傷する子供たちがいて、私はおびえていました。私は、特に彼らの宗教的信念と矛盾するならば、誰もが私の傷つきやすい正直さとつながれるわけではないという現実を知っていました。また、他の人の判断は、とくにその人自身が何かについて否定している場合には、相手のことを言っているというよりも、彼ら自身のことを言っていることがよくあるのだと理解するのに、時間がかかることもあります。

私は答えを探し続け、これには青の光を活性化《アクティベート》することが含まれていました。私は当時、クリスタル・ヒーリングに魅了されていて、一度に数週間または数ヶ月間、毎日首に小さな宝石用原石の袋をかけていました。スピリチュアルな旅をしている私たちの多くにとって、クリスタル・ヒーリングの石は私たちを、物を使ったアクティベーションの力に目覚めさせてくれます。

19歳のときに隠れているのはやめようと決めたとき、私は最初、家族と友人たちに話しました。そして実のところ、私の愛する人の何人かは、私が同性愛者であることに公然と異議を唱えました。誰もがその真実を受け入れたわけではなく、私の人生にいた人の中には、その真実と本当に悪戦苦闘した人もいました。しかし、他の人が私に対して感じたかもしれない拒絶は、本当に私とは全く関係ありませんでした。それよりむしろ、私の中核の、私を支えてくれる魂のグループのメンバーから感じた深さ、パワー、そして愛は、それまでに経験してきたどんな拒絶よりもはるかに勝《まさ》っていました。

愛する人たちにこの真実を話し、自分自身を認めることで、様々な祝福が私の人生に流れ込んできました。私は家族と以前よりずっと親密な関係を築きました。私の中の空虚感は、愛で満たされました。そして、私はその年1年間で約80ポンド痩《や》せました。それはまるで、文字通り体重が私の肩から取り除かれたかのようでした。この新しく発見した自由は、私の直感的能力もクリアにしてくれました。なぜなら、自分自身の真実を見ることができると、他の人の中に真実を見ることがずっと簡単にできるようになるからです。青は、私が愛あふれたガイダンスの真にオーセンティックな場所から生きることができるように、私を自由にしてくれました。

私には、世界がついに開いたように感じられました。私の個人的な旅や経験はあなたのものとは異なるかもしれませんが、私たちは皆人生で、真実の青のエネルギーを高めることから恩恵を得ることができます。

直感ライフコーチとして、私は世界中の人々の人生の旅を定期的に垣間見るという光栄を授かっています。そして私はこのプロセスを進めるために、青を使用します。プロセスは、私がワークしている人のエネルギーに入って行います。例えば、人生の決断についてガイダンスを求められたときに私が最初にすることは、その決断がその人のエネルギーの中でどれくらい真実だと感じることができるかを見ることです。その決断が最善のものであれば、エネルギーは拡大し、良い気分になるでしょう。それが最良の選択でない場合は、ただ間違っていると感じられ、エネルギーは収縮します。青は、クライアントが聞きたいことが何であろうと、真実を語る私の能力を高めてくれます。

私が自分の仕事について最も愛していることの一つは、その過程でクライアントから多くを学ぶことができるということです。私は、この惑星にいるすべての魂は、提供できる自分の知恵、独自の視点、そしてその知恵を認識することの障害を持っていると信じています。チャレンジの一部は、なぜ私たちはここにいるのか、そして克服する必要があるブロックは何なのかを理解することです。青は、対処が必要な人生の問題がもしたくさんあっても、おじけづかないようにと私たちに思い出させてくれます。それは私たちの人生の旅の核心です！　どんな状況にも真実の要素はあり、私たちが進化したり何らかの変化をする前に、それを受け入れなくてはなりません。そして、これをするのは必ずしも容易ではありません。青は、たとえその真実が痛みを伴っていたとしても、私たちの本来備わっている知恵と真実にチューニングする力を私たちに与えてくれます。

深刻な恐怖症に青の活性化&エクササイズを使い克服した事例

私のクライアントの一人であるエリカは、深刻な恐怖症に青のエネルギーを使いました。彼女は公共の場に恐怖を持つ、広場恐怖症でした。恐怖症が悪化して、とうとうエリカは1ヶ月に1度食料品を買いにアパートを出るだけになってしまいました。そして、オンライン食料品配達の出現により、その外出さえも排除される危険にさらされたのです。エリカの母親は私のクライアントで、娘の誕生日にコーチングのパッケージを贈ることにしました。そこで私たちは電話で一緒にワークをし始め、私は彼女が状況に直面する勇気を得るための道具として、青を提案したのです。

私はまた、青を活性化《アクティベート》することに加えて、「最悪の場合のシナリオ」エクササイズ(本章のスピリチュアル・アクティベーションで説明)を試みるよう彼女に言いました。エリカは公共の場に対する恐怖を克服したいと思っていましたが、自分にはなすすべがないように感じていました。彼女は論理的には、公共の場に出かけたからといって、何か悪いことなど起こるわけではないと知っていました。しかし、自宅の安全の中にとどまるパターンによって、彼女の不条理な恐怖を長続きさせていました。私たちは一緒に話し合い、最善の方法は、彼女の魂のグループのメンバーを招待して助けてもらうことだと決めました。

エクササイズの一環として、エリカは仲のいい姉のジュリーに連絡を取りました。姉はコーヒーショップで会うことを提案しました。たった5分だけ会うという提案でしたが、エリカは彼女のコンフォート・ゾーンから離れすぎていると言って、すぐに却下しました。そこでジュリーは、エリカのアパートで毎週2人で会うことを提案しました。1ヶ月間これを続けて成功させた後、エリカは彼女のアパートの建物の外の公園のベンチに、5分間座ることに同意しました。彼女にとっては簡単なことではありませんでしたが、数週間おきに、2人は何か新しいことを試し続けました。

青を活性化させたことで、最終的に姉と私に、エリカが内緒で服用していた薬（不安を抑える）をやめたと認めるのを助けてくれました。薬は役に立っていましたが、エリカは薬を飲むことはこの問題を自分で克服することの失敗を意味すると感じていたので、自分で中止を決定しました。私は薬物療法は最後の手段であるべきだと考えていますが、全体的な健康へのアプローチの一部として、完全に支持しています。鬱《うつ》に苦しむ人の多くが、自分一人でそれを処理できるはずではと考えます。私たちはインシュリンや心臓病のための薬の必要性については決して疑うことはありません。それなのに、なぜ鬱は違うやり方で扱うのでしょうか？　自分たちの心の健康に取り組むことは、誇りに思うべきことです。なぜなら、それは私たちが自分自身をケアしているということを意味するからです。

数ヶ月後エリカは、食事のために旧友に会えるくらい、十分強くなったと感じました。これは継続中のプロセスでしたが、彼女は今、セルフケアの一環として、少なくとも一日に1回はアパートから出るようにしています。私は青が魔法の薬のようなものだと声高に言うつもりはありません。やり遂げたのは彼女です。でも、青を活性化《アクティベート》することは、いつ助けを求めるべきかを示してくれる道具として、役立ったのです。

青のアクティベーション・ノート

私は自分自身に完全に正直でしょうか?

青を使うことで、物事をはっきりと捉える勇気を得られる

青は、人よっては活性化するには「やっかいな」色だと、私は説明します。クライアントに、私はこれからやっかいなことを言うつもりだと伝えたら、彼らにとっては、これから聞くことを好きにはなれないかもしれない、ということを意味します。でも、メッセージは、彼らが状況のレッスンを学んで前に進めるようになるのを助ける、ということを意図しています。青は真実と知恵の色なので、あなたの人生の領域で注目しなくてはいけないところへ、あなたの目を開いてくれます。あなたが真実を受け入れたくないのなら、これは難しい感情を呼び起こす

かもしれません。でも、それこそが、知恵を必要としていることなのです。青を使うと、物事をはっきりと見る勇気を得ることができます。そして、真実が明らかにする〝幻想への執着〟を解き放つ知恵ももたらされます。私はあなたに、青と実験をしてみて、何があなたのために現れるかを見てみることをお勧めします。

人生でしばしば私たちは、日々の生活のルーティンに埋没して、自分が自分自身の真実に向き合い、自分が望む人生に実際に沿ったことを実践しているかどうかを忘れてしまいがちです。これはどの領域でも起こりえますが、人間関係ほどこれが明らかに起こる領域はないでしょう。私たちはほとんど皆、安全だと感じさせてくれる魂のグループを探して人生を過ごします。でも、幸運にも魂のグループを見つけたら、時々私たちは本当の自分であることを忘れてしまいます。誰もわざとそうするつもりはないのですが、注意していないと、少しずつ、私たちは本当の気持ちを表現することを避け始めます。これは通常、私たちは誤解されることを望まないし、潜在的に対立を避けたいと考えているからですが、もう一つ理由があります。本当に正直であるということは、私たちに〝傷つきやすくあれ〟ということを要求しているのです。長い一日の終わりには、その青のエネルギーを封じ込めておいたほうが時には簡単です。

警戒をやめて、真実が反映されて自分に返ってくるようにできれば、数えきれないほどの問題が癒やされるでしょう。おそらくあなたのパートナーは、不安で、無視された、または誤解されたと感じていて、これを表現する必要があるのでしょう。でも、起こりがちなのは、青のシャドウ・サイド《影の面》が私たちがその真実を聞くのを阻んで、代わりに私たちが防衛的になるということです。メッセージの奥に隠れた真実を受け取るのではなく、それを批判として聞きます。もし、愛する人と難しくても正直な会話をして、相互理解と解決につながったことがあるなら、あなたはバランスの取れた青のエネルギーの感覚を知っていると言えるでしょう。

青は、あなたの人生で本当の変化を可能にする力を持っています。あなたは十分に強く、難しい真実があってもどんなものであれ受け入れ、それらを過去のものにして進むことができるということを、青があなたに見せてくれることを許可してください。

青のスピリチュアル・アクティベーション

恐怖の支配から解放し、真実の豊かさに変容するパワフルな方法

恐れは人間の本質の一部であり、完全に自然なものです。その目的は、私たち自身を傷つけることから私たちを守ることです（熱いコンロに触れたり、道を渡るときに左右を確かめないで渡ることなどを私たちが避けるようにすることです）。しかし、野放しの恐怖は、私たちがコンフォート・ゾーンから出て情熱を追い求めるのを阻止する可能性があります。スピリチュアル・アクティベーションは、私たちを恐怖の支配から解放し、それを真実の豊かさに変容するパワフルな方法です。

青のスピリチュアル・アクティベーション・エクササイズ：まず起こり得る最悪のシナリオに向き合う

このエクササイズは、あなたの人生を楽しむことを妨げている恐怖に光を当てるのに役立ちます。恐怖は本格的な恐怖症である必要はありません。あなたが前に進むのを妨げる、どんな理不尽な躊躇も、調べる価値があります。恐怖はあなたがそれを認めた後も根強く残り続けることができるので、それを越えていくためにあなた自身を新たに条件付ける、追加的なステップが必要になるかもしれません。

1. 瞑想を通してスピリチュアル的に青を活性化《アクティベート》させた後、紙を取り出して次の質問を自分にしてください。もし私が恐れていることをしたら、起こりうる最悪のことは何ですか？　恐怖がどんなに理不尽に見えたとしても、出てきたことをすべて書いてください。すぐに答えが出るかもしれません。また、表面に出てくるまでに時間がかかるかもしれません。どちらにしても、真実を正直に受け入れるための道具として、青の光を使うと意図してください。
2. あなたの魂のグループのメンバーの少なくとも一人に働きかけて、彼らの助けとサポートを頼んでください。彼らにあなたの恐怖について話し、彼らが役に立つかもしれない考えを持っているかどうか、聞いてください。
3. この恐怖を受け入れて越えていくことに向けて、毎日できるステップを少なくとも一つ挙げ、要点を述べてください。あなたの愛する人に、この恐怖に直面するときあなたと共にいて助けてくれるように頼んでください。彼らにフォローアップしてもらうことで、あなたは自分の計画に責任を持つようになります。

誰もが皆、恐怖を自分独自のやり方で経験することを覚えておくことが重要です。あなたが尊敬する最も熟練した人々でさえ、ある地点で本当に恐ろしいと感じる機会に直面した経験があるものです。しかし、勇敢な人々はその恐怖を認めて前進し、とにかくその機会を利用します。多くの人々は、自分の真実を生きるには、生き方の途方もないくらい大きな変革が必要だと考えています。でも、私の意見は、とても大きな変化の可能性に圧倒されて何もしないより、永続的な変化を作る、小さなベビーステップを取ることのほうがずっといいのです。

一般的な恐怖に直面する場合のエクササイズ例

- 一人で外食をするか映画を見に行く。
- オンラインデートのサイトでプロフィールを設定する。これは、現在の写真を使用して、自分自身についてポジティブな記述を作るための正直な努力をすることを意味します。
- 健康のための新しい療法を始める。
- パブリック・スピーキングの恐怖を克服する。これには、結婚式で乾杯の音頭をとることも含まれます。

どの恐れに直面するかを決めたら、愛する人にあなたの意図を宣言することが非常に重要です。助けを求めてサポートを受けるようにしてください。この種の成長をとげることは、あなたの魂のグループのために宇宙が意図した目的ですから、恥ずかしいという思いはすべて手放しましょう。最後に、あなたのグループまたは愛する人にフォローアップして、あなたが恐怖に直面したときの感情やエネルギーの変化について話し合ってください。青の目的は、勇気を持ってあなたの真実に直面することです。あなたにはそれができると、私は知っています！

青のユニバーサル・アクティベーション

青に気づくときとはどんなときか、自分に問いかけてみましょう

青はユニバーサル・アクティベーションをするのに最も簡単な色の一つです。空を見上げて、真実の青を思い出すだけでいいのです。青を見て青に気づくときはいつでも、それがあなたのエネルギーにとって何を意味するのか思い出し、次の質問を自分にしてください。私は自分自身に正直でしょうか？　私は何かの状況の現実を避けているでしょうか？　アクティベーション・エクササイズの代わりに、あるクライアントが、どのように青でパワフルな変容を経験したかの詳細な例を示します。

「宇宙の謎解き」から見える事例：青のエネルギーと不倫関係

私は仕事でニューヨークシティにいました。リンダが直感リーディングを受けに私のところにやって来ました。新しいクライアントはほとんど最初少し緊張しています。何を期待したらいいのかわからないからです。中には、私が彼らの心を読むのだと、恐れている人もいます。安心してください。私は人の心は読みません。私が見るのは、あなたのオーラの中を飛び交う、あなたの人生の全体的な要素です。

リンダは、肩までのウェーブがかったブラウンの髪をした、30代半ばの女性でした。彼女はセントラルパークの眺望を背にして布張りのソファに座り、緊張しながら微笑みました。彼女にフォーカスするとすぐ、私の心の目には青い本でいっぱいの図書館が見えました。私はサイキック・リーディングを始めると、しばしば心の目で象徴的なイメージが見え始めます。私が「宇宙の謎解《なぞと》き」と呼ぶ経験です。

宇宙の謎解きは、私の人生になじみのあるイメージを通して、私のクライアントについての情報を私に提示する、宇宙のやり方です。私がクライアントと一緒にいて、突然不動産業の私の父親が見えたら、私は彼らも不動産の分野で働いているのかどうか、クライアントに尋ねます。リンダの場合、私には図書館が見えました。それは私にとっては、知識に対する強い欲求を示しています。他の直感力のある人は、彼らにとって知識を表す何か他のものを見るかもしれません。その人が非常に正直であれば、その人の頭には彼らの配偶者が浮かぶかもしれません。どのイメージならメッセージが伝わるかと、宇宙が考えているイメージが出てくるのです。

リンダのエネルギーにフォーカスすると、この青い図書館のシーンがますます見えてきました。月の光が窓から差し込み、本はその光を浴びて、あらゆる色調の青を見せていました。私にとって図書館とそこにある本は、知識のみならず、答えを求める深い必要性を意味しています。多くの場合その人は、誰かに騙《だま》されていると感じて、真実を知りたいと切望しています。私の仲間の中には、この映像は、その人のアカシック・レコードがこのように私に見えているのかもしれないと推測する人もいます。

「リンダ、私たちはまだセッションを始めていないのに、あなたのまわりに青のエネルギーの存在があるのが私にはよくわかります。青は真実と知恵の色です。また、青は、恐怖と回避についても教えてくれます。今日私たちが話すことの一部は、あなたの人生で、あなたが自分自身の真実を生きていない領域についてです。ある領域においてあなたは、恐怖から、あなたという真の存在を見せるのをためらっているように見えます」

リンダは私を少しの間じっと見たかと思うと、突然笑い始めました。「はっきり言うのね。その通りよ」

私たちは共に笑い、私は続けました。

クライアントのオーラに青が見えるとき、その青は、信じられないほど豊かで多様である傾向があります。まさに海の色のように、どこを見るかによって、多くの色調と色相があります。部屋を包み込むような豊かさが青にはあります。通常青は、人生のあらゆる側面を調査し、研究し、理解したいという人のまわりに見られます。青のエネルギーを持つ人々は真実の探求者です。しかし、オーラに非常に濃い青が強く存在する場合、自分自身の真実を受け入れることが難しいという場合がよくあります。その人たちは、様々な理由からまわりの人々を疑っているのかもしれません。

「リンダ、あなたの信頼に関する問題は、今ものすごく大きくなっていると感じます。どんな人の意図にも疑問を抱いて、誰の言葉も額面通り受け入れるのが難しいようです。なぜですか？」

リンダは赤くなりました。「以前、浮気されたんです」

「でも、今現在起こっていることのように感じますが」

「ええ、今、つきあっている男性がいます」

私がサイキック・リーディングをしているとき、宇宙の謎解きは、宇宙が私のクライアントのまわりを飛び回って、彼らの人生で何が起こっているのかを私に推測させようとしているかのように感じさせます。それはまるで、私が伝えなくてはならないメッセージを、宇宙が身振り手振りで見せてくれているかのようです。リンダの場合、彼女の人生は青の本でいっぱいのこの図書館を通して垣間見ることができました。私にわかったのは、彼女は信頼に関して苦労していて、真実を探し求めているということだけで、理由はわかりませんでした。私はさらにイメージが現れるのを待ちました。

「あなたのボーイフレンドの名前は何ですか？」。私は尋ねました。

「ジムです」

彼女が彼の名前を口にした瞬間、私の心の目に火山の噴火が見えました。噴火する火山は、宇宙からのもう一つのヒントで、彼女の関係は非常に情熱的で、少し危険だと告げていました。彼女は火のように激しい化学反応を楽しんでいましたが、結局は燃え尽きて、その過程でリンダは傷つくかもしれませんでした。

「リンダ、あなたとジムの間にはたくさん情熱が見えます。でも、正直言って、私には安全だとは感じられません」

リンダは働いていた投資銀行でジムに出会いました。彼も同じ銀行で働いており、2人は1年以上付き合っていました。2人の相性は信じられないほど情熱的でした。彼女はジムを愛していましたが、問題がありました。彼は結婚していたのです。

「言いたくはないのですが、私には、彼があなたのために妻と別れるということは見えません」

「私の友達と同じことを言うんですね。でも、彼はすでに妻と別居していて、離婚を計画しています」

彼女の新しいボーイフレンドについて、安全ではないと感じると言うと、シンプルで一般的な意見に聞こえるでしょう。でも、直感力のある者にとって、それはたくさんのことを意味します。クライアントにチューニングしているときは、彼らの人生の道が私にどのように感じられるかを知るために、私は彼らのエネルギーを文字通り「試着して」みます。

彼らが人生の状況について私に尋ねるときは、私は返事をする前に、このエネルギーが私の内側でどのように感じられるかをチェックします。

クライアントのエネルギーは、私には見えるかもしれないし、見えないかもしれない様々なものがあります。新しい愛があれば、夜空に花火が見えることが時々あります。花火は情熱を象徴しますが、遠くで爆発するので、そのスリルを安全に楽しむことができます。火山も壮大に噴火しますが、燃える溶岩も噴出して、流れる途上のものすべてを破壊します。この種のイメージは情熱を象徴するものですが、それらはまた、恋愛関係初期の、短期間の段階のしるしです。私にとって真実の永続する愛は、暖炉の前で外に降る雪を見ながら、暖かいカシミアのブランケットの下で抱き合っているような、官能的でありながらも安全と感じるものです。一方、クライアントが問題を抱えた関係で苦労している場合は、私は不安で、寒さやストレスを感じます。自分が家から締め出されて、傘もなく凍える雨の中にいるのが見えるかもしれません。リンダとジムにはたくさんの熱を感じましたが、エネルギーは2人の間で均等に流れていませんでした。最も重要なことに、私は安全ではないと感じました。

「それでは、リンダ、ジムについてどう感じていますか？」

「私は、彼を愛しています。私は彼が離婚して、私たち2人が本当に一緒になれるといいと思っています」

「あなたは、物事が今のままであってもいいのですか？」

「いいえ。私は結婚して、いつか子供を持ちたいです」

「彼が妻と離婚するまで、どれくらいの間あなたが待てるのか、彼に期限を与えましたか？」

「必ずしもそうはしていません」

セッションの次の部分で、彼女は2人の未来への希望について話しました。リンダが話し続けていたときわかったのは、ジムは彼女と急いで結婚する気などないということで、それは痛ましいほど明らかでした。火山が村全体を破壊するのを見るようなものでした。ジムと彼の妻はまだアッパー・ウエスト・サイドにアパートを共有し、週に数回彼はそこに泊まって妻と一緒に過ごしていました。リンダは、あるレベルでは真実を知っていたと私は思いますが、それを自分自身に認める準備ができていませんでした。これは、青のシャドウ・サイド《影の面》の完璧な例でした。リンダは自分の人生で真実を直視したくなかったので、彼女のエネルギーは影のかかった青でいっぱいでした。彼女は恋愛関係において正直さを必要としていましたが、本当の答えを受け取ることを恐れてもいました。私の直感では、彼女は再び浮気されることを潜在意識で恐れていたので、結婚した男性を選んだのです。最初から手に入らない人と一緒にいるほうが簡単でした。

「リンダ、関係において信頼と感情の深さを創るには、人々を自分たちの中に入れなければなりません。あなたはジムにあなたの真実を表現しないことによって、この関係が自然に進展することを妨げています。彼があなたのために妻の元を去ることは確かに可能ですが、あなたはこれを可能性として、本当に自分に起こりうることにはしていません」

彼女は眉をひそめ、苛立《いらだ》って見えました。「私には理解できません」

「リンダ、誰かが今日あなたをデートに誘ったら、あなたは何て言いますか？」

「付き合っている人がいると言います」

「その通り。ジムはその役割を果たすことができなくても、あなたの人生のパートナーという位置を占めています。今、これを聞くのは難しいかもしれませんが、私はあなたは潜在意識で青のエネルギーをブロックしていると思います。お願いがあります。目を閉じて、自分が真実の燦然《さんぜん》と輝く青い光に包まれていると想像してください。鼻から息を吸い、口から息を吐いて、何回か深呼吸をしてください。真実はありのままのことであり、私たちはその証人となることによってのみ、真実を得ることができます。私たち以外、誰もここにいません。あなたに準備ができたら、正直に答えてほしい質問があります。ためらわないで、自分にフィルターもかけないでください」

リンダは深く息を吐いてうなずきました。「わかりました」

「もし彼が妻と離婚するつもりなら、なぜまだそうしていないのですか？」

「しないほうが彼にとっては簡単だからです。両方の世界のおいしい所が手に入るから」

「それでは、なぜあなたは、彼に最後通告を告げていないのでしょうか？」

彼女は目を開きました。目からは、みるみる涙があふれてきました。「一人になりたくないんです」

オプラ（オプラ・ウィンフリー）が言うように、これは青のエネルギーによってもたらされた、アハ・モーメント（なるほど、とひらめいた瞬間）でした。人生で、私たちの多くが自分の真実を表現することを恐れています。傷つくことを恐れて、それを避けるために脚本を作ります。この場合リンダの脳は、一人にならなくて済むには、静かにして妥協しなければいけない、と彼女に伝えていました。しかし本当のところは、彼女は再び浮気されることから自分を守るために、ジムを選んだのです。

「リンダ、あなたは望むものを持つ価値があるんです。ジムはあなたに対して完全にフェアではありません。彼はあなたの人生でパートナーの位置を占めていますが、現在あなたの側に本当に立つことはできません。私たちがここで取り組んでいるのは、リスクを取って、あなたの真実を表現することだと思います。それをするとき私たちは傷つきそうだと感じ、それは、もちろん恐ろしいことです」

私たちの未来は決して石に書かれているわけではありません。私たちが学ぶことになっているレッスンだけが書かれています。私がクライアントにチューニングしているときは、彼らが直面するレッスンを通り抜けて前に進む助けをする、と意図しています。リンダは再び信頼する方法を学ぶ必要がありました。彼女はジムと一緒にいたいと思っていたので、私は彼女に、彼が彼女の望むような男になるチャンスを与えるよう助言しました。良かろうと悪かろうと、関係が意図された方向に行くためには、彼女が態度を明確にする必要がありました。しかし、究極的には、これがどのようにこれから展開するかは、彼女が主導権を握っていました。私は、彼女は十分に強く、それが何であったとしても、彼らの関係の真実を見ることができると、彼女に感じてほしかったのです。

「リンダ、私はあなたが自分のソウルメイトを引き付けることに取り組んでいるのだと感じます。ジムがあなたのソウルメイトかどうかを知る唯一の方法は、彼があなたのために表に出てくるチャンスを彼に与えることです。あなたは彼に真実を伝え、この関係がうまくいくために自分が必要としているものが何かを彼に言う必要があります」

その日リンダが帰ったとき、彼女はリーディングに満足していませんでしたが、私は彼女のことは責めません。私は、彼女が聞きたかったことは言いませんでした。でも私の仕事は、人々が前に進むためにする必要があることについて、彼らに助言することであり、必ずしも彼らをいい気分にさせることではないのです。リンダへの別れの際のアドバイスは、青の光を定期的に活性化《アクティベート》するということでした。なぜなら、そうすれば、彼女が必要としている解決を得る助けになると思ったからです。

約8ヶ月後、リンダからメールが来ました。彼女は実際、あのときリーディングには不満を抱いていましたが、私が青について語ったことは彼女の心に残っていました。空を見上げるたびに、彼女は私たちのセッションと、真実を直視する必要があると私が言ったことを思い出しました。

ある日、何かがクリックしました。彼女はとうとうジムに最後通告を告げ、カレンダー上の日を挙げて、その日までに決断するように言いました。期日が過ぎ、思った通り、彼は妻と離婚するつもりはないことを認めました。別れによって傷つきましたが、リンダは最終的には自分の決断に満足しました。彼女はセラピーを始め、再び傷つくことに直面しなくて済むように、手に入らないパートナーに無意識に引き付けられたことを、やっと認めました。リンダは、その後まもなく新しい素敵な男性に出会い、1ヶ月付き合っているということ、そして今度は、彼は本当に独身であるということを知らせてくれました。

私はリンダの経験は、私たちの多くに共感を呼ぶと思います。私たちは、痛みを経験することを恐れて、自分の真実を表現することをためらいます。しかし、明るい青の自由が、その痛みの反対側で待っているのです。青のエネルギーで私がとても好きなのは、それが私たちを前へと動かす潜在力を持っているということです。完璧な世界では、ジムはリンダが真実を告げた後、彼女を腕の中に引き寄せたでしょう。彼はとうとう妻と離婚しリンダと結婚して、2人はその後いつまでも幸せに暮らしたでしょう。でも、ジムの目的は、リンダのソウルメイトになることではなく、彼女に信頼のレッスンを教えることでした。青を活性化したため、痛みが短い間もたらされましたが、真実が、彼女が探していた深み、コミットメント、そして情熱を実現する可能性のある男性に、彼女を引き合わせました。

青のアファメーション

私は真実を見る強さを持っています。

物を使った青のアクティベーション

真実のガイダンスを提供するときに使う青のリマインダー・アイテム

ライブイベントで話すとき、真実のガイダンスの導管になるという私の意図を思い出させてくれるので、私はしばしば青を身に着けます。青は、セッション中に活性化《アクティベート》するのが好きな色の一つでもあります。私の助言を求める人に真実だけを話すという視覚的なリマインダーとして、私はオフィスに青のアクセントがあるクッションをいくつか置いています。私は人を喜ばすのが好きで、皆が幸せであってほしいと願っていますが、私の仕事は真実のガイダンスを提供することです。青のエネルギーは、私がそれをすることを力づけてくれます。

あなたの毎日に取り入れることができる青の小道具には、次のようなものがあります。

✦**ブルーベリー**。そうです。物を使ったアクティベーションとして、食べ物を利用することができます！　天然の産物の恩恵は、あなたの身体が文字通り色のパワーを吸収することができる素晴らしい方法です。

✦**青のクリスタル**。これらの素敵なクリスタルは、どんな状況にも真実を見つけることを助けてくれる、完璧な色の小道具です。

✦**青のドレスシャツ**。青を取り入れる典型的で簡単な方法は、シャツやブラウスなどの衣類に取り入れることです。

物を使った青のアクティベーション・エクササイズ：あなたの真実を表現し尊重することができるステップを考える

このエクササイズは、状況の真実を見る力を受け取ることを助けてくれます。始める前に、少なくとも15分間は邪魔されない、静かな場所を見つけてください。ここでの目標は、あなたがより快適に、物事を本当にありのまま見ることができるようになることです。青をビジュアライズする際に一連の質問について瞑想します。

1. このエクササイズに使う色の小道具を選びます。
2. 色の小道具をすぐ近くに用意して、次の質問を書き留めてください。私が自分の真実を生きていないのは、どこでしょうか？
3. ペンを置き、色の小道具を手に持って、目を閉じます。もししたければ、タイマーを5分に設定してもいいでしょう（これは、忙しいマインドを少しの間静めるのに役立ちます)。質問をはっきりとあなたの意識の中に持って、色の小道具に触れ続け、落ち着いてゆっくりと深呼吸をします。息を吸うごとに、色の小道具の青のエネルギーがあなたの手を通して身体に入り、あなたを満たしていくのを想像します。この青のエネルギーは、あなたの質問に真実であり正直な答えをあなたのハイヤーセルフが受け取ることを助けてくれます。あなたがここで探しているのは、あなたが真実を生きていないのはどこか、ということについての、あなたのハイヤーセルフからの正直なフィードバックです。

4. ハイヤーセルフがあなたに伝えたいと思っている答えを受け取ると意図しながら、色の小道具に触れ続けます。やって来る答えが痛みを伴うかとか、聞き取りにくいかもしれないなどと心配しないでください。判断なしに耳を傾けてみてください。誰にも認めてもらう必要などないのです。

5. 準備ができたと感じたら、またはタイマーが時を告げたら、目を開けて、心に浮かぶ答えを書き留めてください。答えを判断しないようにしましょう。やって来る考えをただ書き留めます。数行かもしれません。または数ページになるかもしれません。すべて、あなたにやって来るもの次第です。

6. あなたの真実を尊重するために取ることができる、少なくとも一つの実行可能なステップを考えてください。このステップを現時点で実行するのが難しいと感じても、心配しないでください。恐れは、私たちが変わらないための言い訳を見つけるように仕向けますが、それはポイントではありません。重要なのは、何がなされる必要があるのか、という真実を認識することです。青を活性化《アクティベート》することによって、あなたのハイヤーセルフが、あなたを答えに近づけてくれます。

自分の真実を無視する方法はたくさんあります。青のパワーがあなたのために輝くのは、ここです。青は、あなたが本当の自分になる勇気を呼び起こしてくれます。

青のシャドウ・サイド

真実への恐れ・欺瞞・不安感や罪悪感に苛まれ苦闘する

青が真実と知恵を表すなら、青のシャドウ・サイド《影の面》はその真実を恐れることです。青のアンバランスは、典型的には、状況の現実を受け入れることの拒否として現れますが、欺瞞（騙される、または、騙す、のどちらか）として現れることもあります。誰かが私たちに嘘《うそ》をついているという不安感、または誰かに嘘をついているときに感じる罪悪感は、青のアンバランスの典型的な兆候です。状況にかかわらず青のシャドウ・サイドは、状況の真実に直面することになると、苦闘となります。青を活性化すると真実が浮かび上がりますが、この領域のバランスがとれていないと、恐怖が私たちの人生でどのように役割を果たすのかも強調されます。青は否認の檻《おり》の鍵を開け、真実の躍動的な自由へと飛び出すパワーを私たちに与えてくれるにもかかわらず、これが、青が活性化されるときに「やっかいな」ものになることがある理由です。

私たちの多くは、受け入れるのに苦労している自分自身の側面を無視したり、それから逃げ出したりして、貴重な時間を無駄にしています。私は困難な真実を避けたいという欲望を完全に理解していますが、こうなると、そのレッスンを学び、恐怖を乗り越えて進むことを阻んでしまいます。青のシャドウ・サイドの皮肉は、誰も真実を永遠に避けることはできないということです。不健康な関係にとどまったり、中毒の存在を否定することは、短期的にはずっと簡単に見えるかもしれませんが、これでは、私たちの人生が青の巨大な影によって矮小化《わいしょうか》されるまで、青のアンバランスが増えるだけです。私たちが青のシャドウ・サイドにいつまでもしがみつけば、アンバランスは健康問題として現れ始めることさえあります。ある時点で、私たちはレッスンを受け入れざるをえなくなるでしょう。

生きることとの本質は、私たちが進化できるように、一連のレッスンを学ぶことです。そして青は、それらのレッスンに光を照らしてくれるでしょう。人間は、痛みを感じるのを避けたいと思うのが自然ですが、あまりにも痛いので何かしないわけにはいかない状況に、私たち全員がある地点で直面します。でも、安心してください。その真実の反対側で、美しく明るい青の自由が待っているのです。

私たちは、自分たちの真実を見つけて表現する、前例のない機会に恵まれた時代に生きています（あなたが世界のどこに住んでいるかによって、程度は変わります）。これは特に、技術の進歩によりもたらされています。インターネットにより情報への無制限のアクセスが提供され、真実は青のエネルギーの具現化であることを私たちは知っています。特定のトピックについて学ぶために、他の人に頼る必要はありません。私たちは、自由に自分が望むように情報に通じることができます。

ソーシャルメディアは、インターネットに接続しているすべての人のためのプラットフォームになり、そこでは望む人は誰でも、特定のトピックについて、どんなことでも自分の考えや気持ちをシェアできます。過去においては、世界に公然と自分自身を表現するこの種の機会は、有名人や政治家だけにありました。今では私たちは、自分の真実を表明し、自分の物理的コミュニティをはるかに超えたところの同類のスピリットから、サポートを受け取ることができます。さらに、権利を奪われたマイノリティと、あらゆる種類の社会的不公正に影響された人々には、力強い声と聴衆が与えられました。あなたが青を活性化して、あなたの真実を語ることへの即座の影響を感じたいのであれば、ソーシャルメディアは本当に現代の奇跡です。

しかし、それにもかかわらず、私たちは、本当にはどれくらい正直でしょうか？　近ごろは、様々なソーシャルメディア・プラットフォームに自分自身の最近の写真を投稿することで、友達に遅れずについていくことが一般的です。このやり方が非常に普及したため、高校時代の同窓会は基本的に時代遅れになってしまいました。文字通り、今まで知っていた誰にでもつながれ、フォローアップできるという事実があるからです。そして高校時代の同窓会と同じように、仲間には、可能な限り最高の自分を見せたいのは当然です。

多くの人が、自分たちの生活をオンラインで可能な限り完璧に見せるため、どんなことでもします。写真を投稿する前に、ドレスアップ、メイク、髪の毛のお直し、照明の調整をして、ぴったりくる写真が撮れるまで、見栄えのする角度からいろいろな写真を撮ります。その後、携帯のアプリを使って欠点を修正し、肌が輝いて見えるようにします。その結果、プロの写真家が雑誌のために撮ってくれた写真のようになります！　ベストの自分を見せたいと願うことは、本質的には間違っていることではありませんが、度を超すと、非現実的な期待を助長することによって、青のシャドウ・サイドを育てます。それは必ずしも真実ではなく、どちらかというと、精選された真実の類似物です。

私たちは皆、自分の人生の理想の形を世界に提示したいと思っています。でも、意識していないと、見栄えを良くするフィルターの下に、自分の真実をすべて隠してしまう可能性があります。ヨットでくつろぐモデルやポップスターの記事をスクロールして見ることは無害に見えるかもしれませんが、彼らの一見魅惑的な生活と自分たちの生活を比較すると、気分が悪くなることがよくあります。TVスターの非の打ちどころのないメイクアップのセルフィ、という現実の背後に何があるかは私たちには見えませんが、そこにあるのは、摂食障害、慢性うつ病、虐待的な恋愛関係、または彼らがあなたに気づかれたくないと望むものすべてが隠れています。これはソーシャルメディアの両刃の剣です。真実と嘘は、同じ青いコインの表と裏なのです。

私は瞑想の中で次のメッセージを何度も受け取りました。私が望むのは、あなたがその真実を自分のものにすることです。あなたはあなたのままで完全です。

あなたが現在直面している苦労は、宇宙があなたに学んでほしいと思っているレッスンです。

あなたはこれらのレッスンを、遅かれ早かれ学びます。青のエネルギーはそのプロセスのスピードを速くするだけです。青は私たちに、自分の表面下に行って、否定の雑草を掘り起こすようにと教えます。これを行うと、真実は私たちのスピリチュアルな庭に栄養を与え、知恵の花が咲くことを可能にします。

第6章

エメラルドグリーン

特質：コミュニケーションとクリエイティビティ

シャドウ・サイド：ブロックされた自己表現

エメラルドグリーンは、創造性《クリエイティビティ》とコミュニケーションの回線を開く

エメラルドグリーンは、私たちがクリエイティビティ（創造性）とコミュニケーションの回線を開くのを助けてくれます。緑には色合いがたくさんありますが、エメラルドのような深みのある色合いは、あなたのクリエイティブ・ジュースを流したいときには最適です。コミュニケーション面では、エメラルドはあなたの関係における誤解を晴らし、自分自身を表現するための完璧な言葉を見つける助けになってくれます。

文化的には、緑《グリーン》はしばしば前進して繁栄する自由と関連しています。緑の交通信号は国際的に「前進」の合図として認識され、米国でグリーンカードは、永住権を与えます。英語で緑色の親指を持つと言う表現は、植物を育てる自然な能力があることを示します。これは、私たちが基本的に手を使って創造するということに起因しますが、私がクリエイティビティを捉《とら》えているヴィジョンとうまく一致します。科学の世界では、緑は目にとってリラックスさせてくれる色と見なされ、とくにエメラルドグリーンのそばにいると疲労も軽減することが研究によって示されています。[1]

エメラルドグリーンは、私たちが自分自身のクリエイティブまたは芸術的な面につながるのを助けてくれます。私のプラクティスでは、歌手、講演者、作家や職人のまわりに通常エメラ

ルドグリーンが見えます。多作な詩人であるマヤ・アンジェロウやポップ・アーティストのアンディ・ウォーホールは、クリエイティブなエメラルドグリーンのエネルギーの完璧な例です。

緑を使うときは、あなたの中のアーティストにハイライトを当てて、このパワフルなエネルギーを流すことが重要です。この色は、魂から湧き出る〝創造したい〟という欲求を刺激し、そのプロセスは、私たちのクリエイティビティの具体的な表現が得られるまで続いていきます。私たちの多くにとって、これは単に自分独自の思考的なやり方から抜け出して、内なるアーティストに創造する許可を与えるだけです。私たちは、自分自身にどのような評価をくだそうと、じつは皆クリエイティブな面を持っています。あなたがアーティストとして生計を立てていなくても、表現するクリエイティビティを持っていないというわけではありません。詩を書いたり、絵を描いたり、踊りや写真を楽しんだことがあれば、またその日に着る服を合わせるだけでも、あなたは内なるダークグリーンのエネルギーの源につながっています。エメラルドグリーンは、あなたの中のあのクリエイティビティの表現に命を吹き込み、引き出すことを助けてくれるのです。

グリーンの持つクリエイティビティを高める効果は、豊富な科学的証拠をもって示されてきました。ミュンヘン大学の心理学者、ステファニー・リヒテンフェルドは、緑色の心理的効果をテストする一連の実験を行いました。[2] ある実験では、69人の参加者に、2分でスズの缶の用途をできるだけたくさん考えてもらいました。課題を開始する前に、生徒の半数には緑色のコンピュータ画面を見てもらい、残りの半分には白のコンピュータ画面を見てもらいました。

目標は、色の使用によって、どのように被験者のブレーンストーミング能力が影響を受けるかを調べることでした。テストを完了すると、緑色を見た参加者は約20％高いスコアを出しました。ここでのレッスンは、クリエイティビティは絵画のような伝統的な趣味だけに活用していくだけではないということです。あなたが簡単には思いつかないかもしれない、可能性と解決策を刺激するために、グリーンを使用することができます。

別の実験では、35人のドイツの大学生が幾何学的図形を見てから、2分半でできるだけ多くの幾何学的物体を描くように求められました。前の研究と同じように、この実験は、緑色がブレーンストーミング能力にどのように影響するかをテストしました。しかし、この場合、被験者はアイデアを使うのではなく、図の視覚媒体を使用していました。このエクササイズを始める前に、参加者の半分は緑色のイメージを見て、残りの半分は灰色のイメージを見ました。緑色を見た学生は、よりクリエイティブで、灰色を見た学生よりも多くの幾何学的物体を描いたのです。

また別の実験が、高校生を対象にしてシリーズで行われました。しかし、この場合は、エクササイズを始める前に、生徒は緑、青、または赤を見せられました。目標は、どんな色でもクリエイティビティを刺激するのか、または、特定の色が刺激するのかどうかを確認することでした。この場合、緑を見せられた学生は、赤または青を見せられた学生よりも高いレベルのクリエイティビティを示しました。私がこの種の実験で好きなのは、緑を使うことのできる様々な方法を見せてくれることです。クリエイティビティは、視覚的、概念的、音を通して、そして他にも多種多様な分野で利用できるクオリティです。緑とワークすることで、それがたとえ短い間だったとしても、クリエイティビティの貴重な後押しを得ることができて、それをどこにでも好きなところに使うことができるのです！

色のエネルギーとワークすることについて私が時々聞かれる質問の一つは、それが完全に正しい色合い（この場合はエメラルドグリーン）なのか、ということです。あなたはおそらく、色合いが間違っている緑を使っていないか、そうであれば効果がないのではないかと心配しているのかもしれません。私は正確さを求める気持ちを完全に理解していますが、安心してください。あなたの人生でクリエイティビティに刺激を与えるために、正確なエメラルドの色合いの緑を見る必要はないということをはっきり伝えておきたいと思います。私が人々のまわりにエメラルドグリーンを見るとき、この緑は、緑の中ぐらいの色合いから深い色合いのことです。これは正確な科学ではないことを覚えておいてください。基本的には、あなたがその色の一般的な周辺の色合いを使う限り（この場合は、より深い緑ならどれでも）あなたは正しいやり方をしています。

色を使うことから恩恵を受けるために、正確な色合いの緑は必要ないという考えをサポートしてくれる別の実験があります。イギリスの研究で、１０８名の学生が３つのグループに分かれて、緑の色の創造的効果を確認するためにテストが行われました。最初のグループの学生は、緑の紙を使用してクリエイティビティのテストを受けました。第２のグループは、緑の植物でいっぱいの教室でテストを受け、教室の窓からは自然の景色が見えていました。最後に第３のグループは、緑のものは何もない教室でテストを受けました。結果は、緑にさらされた第1および第2グループの学生の両方ともが、緑を見なかった第3の学生よりも、より視覚的にクリエイティブだったということが示されました。しかし、この研究の最も魅力的なところは、緑色の紙を使った学生が、本物の植物のそばにいて自然の景色を見ていた学生たちと同じくらいクリエイティブだったということです。[3]

この実験で使用した緑の紙は、生きた植物や自然と全く同じ色合いではありませんでしたが、学生にとって同じ効果がありました。もちろん、外に出て植物や自然を直接見て緑のエネルギーを吸収することが（様々な理由で）理想的です。でも、あなたが日常生活の中で自然環境に触れることができない場合でさえも、緑色から恩恵を受けることができます。どのような形であれ、緑色を見れば、クリエイティブなエネルギーを高めることができます。すぐにクリエイティビティを高めるには、コンピュータの背景を緑のイメージに設定してみてください！　私は、何かを書くときや、コンピュータを使うクリエイティブな取り組みをするときは、どんなときもそうしています。

ストレスを軽減し、人生に穏やかなバランス感覚をもたらす

エメラルドグリーンのもう一つのうれしい効果は、ストレスを軽減し、リラックスした気分

になるのを助けてくれることです。穏やかな気持ちでいることは、クリエイティビティにとっての必要条件ではありませんが、私は個人的には、自分が解放されて圧迫されていないと感じるときに、自分自身をよりクリエイティブに表現することができます。この考えを支持しているのは、アムステルダム自由大学医療センターでのストレス研究です。48人ほどの大学生が、心臓の電気的活動を検出するセンサーでモニターされながら、コンピュータ化された数学のテストを受けました。だんだんと難しくなっていく数学のテストの間中、学生は、画面上で自分の結果と、それよりはるかに高い全国平均との比較を見せられました。おそらく、数学が私の強みだったことがないためだと思いますが、このテストは私にとっては悪夢のように聞こえます！　いずれにしても、実際の結果にかかわらず、すべての学生に落第点が与えられました。

なぜ、すべての学生が落第だったのでしょうか？　この研究は学生のストレスへの緑の影響を測定しており、厳しい試験に失敗するのは、ストレスを感じるという目標を達成するには良い方法なのです。このテストは、学生のストレス・レベルを上げるという実証済みの歴史を持っていたために、選ばれました。テストを受けた学生には2つのグループがあり、その唯一の違いは、半数の学生は、テストの前と後に緑の画像を見て、残りの半分の学生は緑を一切含まない画像を見たことです。もうおわかりだと思いますが、ストレスの多いテストの後、緑のイメージを見た学生の心拍数は著しく低い値でした。研究を主導したマグダレーナ・ヴァンデンバーグによると、「緑色の写真を短時間見ると、人々がストレスから回復する助けになるかもしれません」とのことです。[4]

パブロ・ピカソは、「子供は誰でも芸術家だ。問題は、大人になっても芸術家でいられるかどうかだ」と言ったといわれています。私はこの引用句がとても好きで、人生を通して、クリエイティビティを育てるときに私たち全員が直面する課題をよく表していると思います。子供たちは衣装を着たり、踊り、歌い、想像力を自由に使うことが大好きです。でも、大人として私たちは、自分自身を表現することをしばしば忘れてしまい、代わりに毎日のやることとリストにフォーカスします。それだけでなく、プロのアーティストだけがクリエイティビティを展示する権利があるという誤った信念もあります。自己表現はあなたにとっては重要でないように見えるかもしれませんが、この種の、表現されていない停滞したエネルギーがあるまま生きていることは、私のクライアントたちが人生のアンバランスを感じる最も一般的な理由の一つです。あなたのオリジナリティを活用することは、アートのような趣味を超えて、あなたの人生の他の領域にあふれ、素晴らしい結果をもたらします。これも、エメラルドグリーンかもっと深くて濃い緑が、あなたのクリエイティブな道具箱の新しいパワフルな道具《ツール》になる理由です。

私は、アーティストが私たちすべての中に存在すると信じています。私たちの魂の欲求の一部は、それ自身を表現することであり、クリエイティビティは自己表現に命を届ける血液です。どんな人でも皆、内なるアーティストを呼び出すとすぐに緑のエネルギーの渦に囲まれます。人によっては、芸術的なエネルギーは、簡単に利用できるものかもしれません。あるいは、もしかしたら、あなたのクリエイティブな面はそれほど明らかではないかもしれません。私はこの後、私の緑とのクリエイティブな旅について書きますが、あなたがこの色について知っておくべき一番肝心なことは、もしあなたが自分自身をクリエイティブ、または特に表現力が豊かだとは考えていないのなら、この色はよりいっそう重要だということです。たとえあなたがファイナンシャルアドバイザー、弁護士、または伝統的に自分自身をクリエイティブだとは思わない職業についていたとしても、エメラルドグリーンは難しい問題を解決するために活用でき、どんな状況にも新しい潜在的な解決策をもたらします。それこそが、このエネルギーを高める目的です。このエネルギーはクリエイティブな可能性の新しい道を開き、あなたの人生に穏やかなバランス感覚をもたらすでしょう。

クリエイティビティを個人的に探究するとき、忍耐強くいてください。なぜか芸術的な表現は、一部の人に自己批判を引き起こす力を持っています。私たちの魂が歌い出すような表現方法を見つけると、この感情を減らすことができます。

クリエイティブな表現の様々な形を自由に実験して、それぞれをしたときにどんな気持ちがするかを試してください。あなたがクリエイティブな自己を呼び出し始めれば、エメラルドグリーンのエネルギーが、様々なクリエイティブな表現ができるように助けてくれます。クリエイティビティは、絵画、ダンス、音楽、彫刻、スケッチ、またはもっと伝統的なクリエイティブな表現でみるとわかりやすいです。または、あなたのクリエイティビティは、私にとってそうであるように、書くことで表現されるかもしれません。要は、あなたが自分自身を表現している限り、どのように表現するかは関係ないということです。

エメラルドグリーンを活性化《アクティベート》するとき、私たちはコミュニケーションのエネルギーを呼び出しています。これは、芸術的な表現だけでなく、口頭での表現にも当てはまります。より濃いグリーンは、私たちの言葉、思考、意図が、私たちからどのように流れていくかを際立たせます。この色を使用すると、自分の表現したことが自分たちのコミュニティ内でどのように受け取られるかに影響し、さらに重要なことに、その結果どのようなエネルギーが私たちの人生にもたらされるかにも影響します。この色とワークするさらなる恩恵は、この色は、あなたが他の人々に根本的なやり方で自分自身を表現するのを助けてくれるということです。

私たちの気持ちは時々、ハートと口の間のどこかで抑えられてしまいます。でも、言葉で正確に自分が感じていることを伝えることは、健全な関係の重要な部分です。数え切れないほどの関係が、次のような思考の罠《わな》によって不必要に危険にさらされます。どう感じているか言う必要はない。彼女はすでに知っている。私たちの行動は、愛する人たちに使う言葉と同じくらい重要です。私たちは、他の人々に共感することを可能にしてくれる声で祝福されています。緑は、私たちが本当に感じていることを表現するために必要な言葉を、見つけるのを助けてくれるでしょう。

コミュニケーションはとてもパワフルな道具です。なぜなら、コミュニケーションによって私たちは他の人々とつながり、うまくいけば意見の相違を乗り越えることができるからです。今日の、今にも波乱が起きそうな風潮のなかで、私たちの世界には、たちの悪い戦いや違う考え方への敵意に満ちた反対がしばしば氾濫《はんらん》します。政治ニュースショーをつけると、いつでもこの例が出てきます。私たちはしばしば、宗教的、政治的信念について意見を異にしますが、これが世界で分離を作り出すのです。この分離によって私たちは、違う見解を持つ人々より自分たちのほうが、どこか道徳的に良いのだと信じてしまうのです。

でも、私たちは芸術的な表現に関しては、もっと簡単に、共通点を見つけることができるでしょう。アートは宗教的、政治的分裂を超えることができます。クリエイティビティは私たちを生き生きとさせ、質問させる力を持っているのです。

私がクライアントに提案することは、クライアント個人のユニークな表現に合っていると私が直感的に信じるアイデアです。でも、彼らが実際に人生でそのクリエイティビティを実現するためのステップを取るかどうかは彼ら次第です。私たちは生きるためにクリエイティビティを必要としませんが、**クリエイティビティは幸せな人生にとっては不可欠な要素です。私たちが自分の望むクリエイティブな人生に向けて進んで本当のステップを踏み出す意志があるなら、エメラルドグリーンはその魔法を働かせてくれるでしょう。**

私には、何冊か本を出版し、様々な効果的な方法で色の力を活用しているクライアント（今は、同僚と呼ぶほうがいいですが）がいます。彼女はスピリチュアル・アクティベーション、ユニバーサル・アクティベーション、物を使ったアクティベーションを組み合わせて使用し、クリエイティブな自分自身をしばしば呼び出しています。楽しい経験が聞けると思い、彼女にインタビューしてみました。

エメラルドグリーンで得られた変容とヒーリング効果の事例インタビュー

ドゥーガル：ハーイ、リシア。経験のシェアに同意してくれて、どうもありがとう。エメラルドグリーンとの経験を少し話してもらえますか？

リシア：もちろん！　私の変容とヒーリングのプロセスで、また、キャリアの次の段階でも、緑《グリーン》がどれだけ助けてくれたかをお話ししたことがありましたね。あなたのクラスをいくつか取ってきて、ずっと緑は私の好きな色でした。私は書くときもこの色を使います。初めての本、『レモネード・ハリケーン』を書いたときも緑を使いました。この本は子供の話で、子供にマインドフルであることと瞑想を教えています。次の本を書くためにもこの色を使っています。また、企業のためにプロモーションのコピーを書くとき、ユニークな声を見つける必要があるので、緑を使って助けてもらいます。私はいくつか違う企業と仕事をして、彼らがキャッチフレーズを作るのをサポートしていますが、これも、自分のクリエイティビティを表現するもう一つのやり方になりました。緑は今では私がキャリアにおいて前に進むときに呼び出す色です。本当に私の人生を変えた色の一つです。

ドゥーガル：それはすごい！　もしさしつかえなかったら、グリーンがどんな風にあなたの人生を変えたのか、教えてもらえますか？

リシア：そうですね。以前、私の腕にエメラルドグリーンが走るのが見えたとあなたは言っていましたよね。私がライターかもしれないということを、示しているとも。あなたが思ったことはとても不思議なことだったんです。私はライターになりたかったのですが、初めて一緒にワークしたときには、この話は全くしませんでしたから。ただ話題にしなかっただけなんですが。さらにあなたが私に言ったのは、「私は真に自分のクリエイティブな面を受け入れることができるようになる必要がある」ということでした。それで、緑が本当に私の人生を変えたんです。なぜなら、本当に長い間、私は自分のことをライターだと呼ぶ許可を、自分に与えなかったからです。私はいつも書く事が大好きでしたが、そのための学校には行きませんでした。美術の修士号を取るために大学院にも行かなかったし、また、私が多くの執筆者と同じように正真正銘のライターになるには美術大学の修士課程を修了することが必要なステップだと信じ込んでいたことをあなたに一度も伝えていなかったのです。

ドゥーガル：私たちが一緒にワークする前は、あなたの色との経験は、一般的にどんなものでしたか？　緑は好きな色だと言っていましたよね。いつも緑が好きでしたか？　それとも、私たちが緑とクリエイティブな意図とを組み合わせた結果、好きな色になっていったのですか？

リシア：その意図の部分は、間違いなく時間と共に進化したものです。なぜなら、当初は、あなたの色とのワークやその意味について、まったくわかりませんでした。私はラジオ番組であなたの話を聞いたのだと思います。それでリーディングを受けようと思い電話をかけました。これは私があなたのクラスを取る前のことです。あなたが私のまわりに見た最初の色は紫色だと言っていました。あなたは、紫色がリーダーの色であることについて話しました。その話は、当時の私の心に本当に響きました。振り返ってみるとわかるのは、簡単につながれる色もあるし、その色とつながるには何かを卒業しなければならないという色もあります。紫は私にとっては簡単でした。自分の人生の様々な分野で、リーダーであることは快適です。私はいつも他の人を助け導いてきました。紫は安全でよく知っていると感じました。でも緑は、私を威嚇《いかく》しているように感じる色でした。なぜなら、この色は私の個人的なクリエイティビティを表現することと関係していたからです。私は緑のことを、自分自身を感情的にさらけ出すものとして見ました。クリエイティビティは自分自身を公開することを伴うからです。そして、あなたが私の腕の下の方向に緑が流れているのを見て初めて、いろいろなことが本当にピンと来ました。あなたは、私のクリエイティブな面は私という存在の大きな部分を明らかに占めているのに、それまで誰にもその面を見せたことがなかったのは驚くべきことだ、と言っていました。そのとき私は、自分が言いたいことを自分のものとして所有し、自分が世界とコミュニケーションするやり方も所有したいのだということを理解したのです。

ドゥーガル：面白いのは、クリエイティビティが、あなたは誰なのか、ということのとても大きな部分をいつも占めていたことです。だから問題は、あなたの真のアイデンティティの一部として、クリエイティビティを単にあなたの意識の一番前に置く、ということだけだったのです。

リシア：その通りです。

ドゥーガル：それでは、毎日の生活で、どのように緑を使うか少し教えてもらえますか？

リシア：いいですよ。これから座って書く、というときには、フォーカスする必要があります。書き始める前に、何か緑色のものを身に着けるか、緑のカップから飲み物を飲みます。基本的に目に入るところに緑の物を置いて、緑とワークしているのだと自分が気づくようにします。緑は、自分のクリエイティビティを表現するということへの気持、感情面でも助けてくれているように感じます。私が、「グリンダのバブル」と呼んでいる物を使う日もあります。オズの魔法使いの映画に出てくるいい魔女、グリンダみたいに、自分が大きくて透き通った泡の中にいるのをビジュアライズします。そして、泡を緑で満たすのです。その日自分がするクリエイティブな決断において、緑が自分を導いてくれると自分に思い出させます。このエネルギーが、私が書くEメールから投稿するソーシャルメディアまで、私の一日すべてに行き渡ってくれます。私がクリエイティビティを使ってコミュニケーションするところではどこでも、緑がすみずみまで行き渡るのです。

ドゥーガル：それで、違いに気がつきますか？

リシア：ええ。どちらかというと、私がこれをしていないときは、目の前のクリエイティブな仕事に集中するのが難しいということに気づきます。例えば、本を書く代わりに、気が散って、自分のクリエイティビティを避けるために、インターネットや他のことを始めたりするのです。緑は、私がそのクリエイティブな空間に入り、そこにとどまるのを助けてくれます。

ドゥーガル：緑があなたのために、アイデアを出すのを助けてくれたと気づいたことはありますか？

リシア：それよりも、緑は、ライターズ・ブロックのことで、助けてくれました。私が時に苦労することの一つは、自分のブログ記事の一つを取りあげて、数段落の文章を一つの章にまで肉付けしてふくらますことです。ブロックがあると感じたら、エメラルドグリーンが私の腕を流れ降りて、指先を通ってキーボードに流れ込んでいるのをビジュアライズします。私の腕を通って流れるこのエネルギーでキーボードが緑に点灯するのを見ると、いろいろ私のところにやってき始めます。それは、緑のエネルギーを貸し出し《レンタル》してくれているようなものです。

ドゥーガル：素晴らしいですね。リシア、本当にどうもありがとう！

エメラルドグリーンのアクティベーション・ノート

私はどこで自分のクリエイティビティを表現しているでしょうか？

活性化＆ワークで即座に効果！　自分の声に再びつながる

コミュニケーションとクリエイティビティは、互いに密接に関連し合っています。どのくらい頻繁に、魂のレベルから自分が誰であるかを表現する機会が、私たちにはあるでしょうか？働いている大人のほとんどは、仕事での他人の表現に合わせて、一日の大半を過ごしています。あなたの仕事は、会社のブランドを目立たせることかもしれません。あるいは、誰か他の人のカリキュラムを教えているのかもしれません。誰か他人をまず第一にするという例は、ほとんどの人の生活の中で無限にあります。しかし、アートの世界では、私たちは自分自身の声と自分自身の視点を見つける機会が与えられています。エメラルドグリーンを活性化《アクティベート》すると、私たちは自分の声に再びつながります。自分自身の人生のユニークな輝きに光を当て、自分の真の気持ちと中心《コア》にあるものを表現するために、安全な環境を創ります。

自己表現とは、あなたが何らかの「アート」を個人的に創っているということを意味するだけではありません。あなたの人生でこのエネルギーをサポートする素晴らしい方法は、他のアーティストの音楽、演技、または写真を称賛することです。このエネルギーを使って、自分自身のクリエイティビティを目覚めさせることができます。例えば、新しいブログを書くとき、投稿に添えるイメージが必要です。私はしばしば、あまり有名ではない、独立した写真家やグラフィックデザイナーをサポートするウェブサイトに行きます。何時間もかけて、自分のブログのメッセージと同じメッセージを持つ、完璧なイメージを探します。世界のどこかでもう一人の誰かが、その人のクリエイティブなスピリットにアクセスしている、と考えるのが私は大好きです。そのクリエイティブな表現は、その後私の書いたものと一緒になって、豊かで深い意味を持つメッセージを呼び起こすのです。私は写真を撮っていないかもしれませんが、単に他のアーティストの作品を称賛することでも、自分自身のクリエイティビティにつながることができるのです。

深みのある濃いエメラルドグリーンは、人々にとって素早く動く傾向があります。どういうことかと言うと、それとワークすると、あなたは、ほとんど即座にその効果に気づくのです。その理由は、クリエイティビティがきちんと流れていると、検閲したり考えすぎたりしないからです。アイデアが浮かんだり、可能性に気づいたりするかもしれません。あなたの仕事は、それらが物理的に現実化するのを可能にすることです。最初のクリエイティブな衝動を抑えないでください。そうすると、エメラルドグリーンのエネルギーを抑えることになってしまいます。まずあなた個人の表現を解放して、後でそれを編集するほうがどんなときにも簡単です。この色を活用するベストの方法は、あなたが何をしていてもそれが流れるのに任せ、インスピレーションを与えてもらうことです。

意図は、既成概念にとらわれず、線の内側ではなく外側に色を塗ることです。人生でルールに従う傾向がある場合、緑に少し危惧を抱くかもしれません。これは完全に正常です。エメラルドグリーンは自由の感覚を育むことを助けてくれますが、このワクワク感の裏側は不安です。あなたが自然に自分自身のドラムのビートに合わせて進む人なら、おそらく緑はあなたという存在の中を簡単に流れていくでしょう。

自己表現を増やそうとしているクライアントとワークしていると、彼らが、本を書きたいという思いについて話すことがよくあります。私たちは皆、人生の旅をしており、お互いから学べるレッスンがあります。ですので、これは完全に道理にかなっています。エメラルドグリーンを使うことは、書くプロセスを速めるための優れたやり方です。こう言いましたが、覚えておいてください。書くことは、地球で私たちのユニークな旅を表現する、一つの形に過ぎないのです。

私の意見では、本を書くという衝動は、内なる著者を解放するというより、自分の経験は正当であると認められたと感じたい、ということに関するものです。既に定期的に書いているのでなければ、クリエイティブな出口というより、認められることを求めている場合があります。

書くことがあなたが望むクリエイティブな表現の形であるなら、本を書く前に、他の多くの形で書くでしょう。あなたの言葉はあなたから自然に流れ出て、日記、詩、ブログ、物語、記事へと注がれます。あなたが本を出版するのをやめさせるために、これを言っているわけではありません。もしあなたがやる気なら、ぜひ成し遂げてください！　私が言いたいのは、あなたの経験が芸術的に認められる方法はたくさんあるということです。本を書くことは、言葉を書くというクリエイティブな表現の最終目標ではなく、それを達成する方法の一つでしかないのです。

エメラルドグリーンで、私たちは自分という存在の内なるアーティストを呼び起こすのと同時に、コミュニケーション・スキルを高めます。他の人の芸術作品を観察して、自分なら違うやり方ですると いろいろ考えるのは簡単です。しかし、自分自身を公然と公開するアーティストであるということは、全く別の話です。彼らは図太さを持たなければならないか、または、否定論者たちに失望させられる危険を冒さなくてはなりません。

私たちの場合は、このような心配をする必要はありません。私は、エメラルドグリーンをうまく使うには、外に出て大規模な公開討論会で自分を表現するべきだと言っているわけではありません。このアクティベーションの私の目標は、あなたのクリエイティビティは、プライベートなものにしておいても、または公開しても、あなたが望むようにすればいいのだと理解するのを手助けすることです。あなたが自分自身を表現している限り、あなたの芸術的努力の成果を誰が見るのかは問題ではありません。

地球上の人々にあなたのビジョンをシェアして伝えることは、多くの気持ちを引き起こします。私もそのことを完全に理解しています。誰も他の人に裁かれたようには感じたくないでしょう。また、ただ調和したいという欲求もあります。このようなことについて強く感じるのであれば、青とエメラルドグリーンを交互に使ってもいいかもしれません。青で、真実へのあなたの恐れと願望に明確につながります。それから緑にアクセスして、自分自身のすべての面を十分に表現する自由を、自分自身に与えるのです。

エメラルドグリーンを活性化《アクティベート》するとき、毎回違う色相を示すことがあります。あなたが見ている色合いも、次に続くそれぞれのエネルギーとワークし続けると、変化していくかもしれません。これは非常に正常であり、実際には良いしるしです。これは、あなたの色とのプロセスが、進化していることを意味します。すべての色にたくさんの深みと知恵があります。それぞれの色相と色合いに、違う場所に連れて行ってもらいましょう。

エメラルドグリーンのスピリチュアル・アクティベーション

皆一人ひとりが異なったものに創造的なインスピレーションを受ける

エメラルドグリーンを私がスピリチュアル的に活性化させたとき、それは、私が個人的に好きなクリエイティブ（創造的）な表現の形を発見するのを助けてくれました。私はとても芸術的な家庭に生まれました。私の姉、父、母は、正式なトレーニングを一切受けたことがありませんでしたが、かなり上手に絵を描きました。10代のとき、私は姉と父と一緒にアートクラスを取りました。当然、自分も同様に芸術的感性があると思っていました。私たちはそれぞれ、小さな白いキャンバスの前に座って、静物を描くように言われました。部屋の真ん中に果物が巧みに配置されて置かれたトレイがありました。私たちはそれを自分独自の解釈で描くことになっていました。

静物をしばらく描いた後、でき映えを見るために、一歩下がって見てみました。私は家族のキャンバスを見渡しました。そのときの記憶は、今もはっきりと覚えています。彼らのリンゴやオレンジには、美しく柔らかで、なおかつくっきりとした影とハイライトがありました。一方、私のキャンバスは、手ではなく、足で絵を描いたかのように見えました。

私は即座に、家族のように絵筆が自然にうまく使えないことに対して、自己批判を感じました。でも、さらに重要なことには、私は絵画が媒体として、自分のクリエイティブな衝動を満足させてくれないことに驚き、失望しました。それまでは、私は遺伝が私を偉大な画家にしてくれると確信していたからです。絵が私の家族にこれほど多くの喜びをもたらしたのなら、もちろん私も同じように感じるはずですよね?

私たちは皆それぞれ、異なったものにクリエイティブ(創造的)なインスピレーションを受ける個人であるという理解は、私にとって大きなレッスンでした。私は家族と静かな時間を過ごすのが大好きでしたが、絵を描くという流れでは、静かに一緒に過ごすことには惹かれませんでした。絵画が私の選んだ表現の分野ではないと気づいたので、いつか自分のクリエイティブな情熱が、自らの姿を現すことを信頼するしかありませんでした。のちに、私がエメラルドグリーンを活性化《アクティベート》し始めたとき、初めて私は自分のクリエイティビティの真の表現を発見しました。

振り返ってみると、私はいつも書いた言葉を通して物語を語ることを好きだったことがわかりました。私は日記を書いて、人生の経験を書き留めることを楽しんでいました。読書が大好きで、他の人の言葉を読むことも味わっていました。書くことの喜びを思い出したとき、私は自分が定期的に書くことにコミットする必要があるとわかりました。ブログから手紙、Eメール、そして本まで、私はあらゆる種類の文章を書くことに飛び込みました。結局、私のクリエイティビティに絵を描くことは関係しませんでしたが、それでも、確かに色は関係していたのです！　キャンバスに絵を描く代わりに、私は自分のエネルギーを虹の色で描くのです。

エメラルドグリーンのスピリチュアル・アクティベーション・エクササイズ：あなたの内なるアーティストを目覚めさせましょう

このエクササイズは、私たちを子供時代の思い出に連れて行ってくれます。なぜなら、幼年期のころは、私たちのほとんどが、想像力を使う時間と自由をもっと持っていたからです。思い出してください。すべての子供はアーティストです。あなたの人生経験を地図として使って、クリエイティビティがあなたの日常の一部だった時代に戻って考えてみましょう。

スピリチュアル的に緑を活性化《アクティベート》した後、少し時間を取って、クリエイティブだった最も初期の思い出にフォーカスしてください。目標は、自意識や傷つきやすさといった、人生でのあまりにもありふれた感覚にさらされる前に、あなたが楽しんでいたクリエイティブな趣味を思い起こすことです。もしかしたらあなたは、お芝居をしていて、舞台の上で役を演じることを本当に楽しんでいたかもしれません。もしかしたら、木工教室で何かを彫刻したり、放課後ノートに絵を描いた、楽しかった思い出があるかもしれません。得意満面で家に帰り、何か創ったものを家族に見せたかもしれません。もしかしたら、部屋で人形と遊んでファンタジーの世界を創った、というような、シンプルなことだったかもしれません。このステップは、単にあなたのクリエイティビティが以前表現されていたところを明らかにして、そのエネルギーを再び引き出すことができるようにするためのものです。自分のクリエイティビティの正しい出口が見つかったら、それがわかるでしょう。あなたの顔に笑顔が浮かんで、気分が良くなり、緑のエネルギーがあなたの中を流れて行きます。

エメラルドグリーンを活性化して、少なくとも週に1回は、あなたの過去のクリエイティブな喜びの源を再現してください。でも、インスピレーションを感じるならば、ぜひ、好きなだけ頻繁にやってください。これらのアクティビティの例として、次のものがあります。

- 絵を描く。
- 歌を歌う。
- 陶芸や彫刻をする。

あなたの喜びの個人的な表現を再び活性化するために、現在の生活のどこに、そのエネルギーのしるしを加えることができるか、あなた自身に聞いてください。これはあなたの状況によってはチャレンジとなるかもしれませんが、このエクサイズをするときに、間違ったやり方などないということを覚えておいてください。私たちは、あなたの中で眠ってしまったのかもしれない、深く根差したクリエイティビティを目覚めさせようとしているのです。

私の場合は、子供のころから語り部でした。授業の前に友達にお話を中継して、自分を表現することを通してエネルギーのやりとりを感じるのが大好きでした。私の最も幸せな子供時代の思い出の中に、サマーキャンプのボンファイアーのまわりで、幽霊の話をした思い出があります。自分が言葉で感情や感覚を呼び起こすことができると知っていて、それを楽しんでいました。他の人が創った話を聞くことも大好きでした。聞きながら一緒に旅をすることができたからです。私は現在の生活の中でクリエイティブなエネルギーを引き起こすために、このような記憶をよく使います。もし私がこのエネルギーを今日再び創るとしたら、その瞬間自分にインスピレーションを与えてくれることに基づいて、架空の物語を書くかもしれません。自分の日記に書くのではなく、ルーズリーフに書きます。これは、私の目標はクリエイティブな緑のエネルギーを活性化させることで、永続するものを「創造」することではないと自分に思い出させるためです。こうすることで、すべてのプレッシャーが取り除かれて、エクササイズが自由に流れることができます。

エメラルドグリーンのユニバーサル・アクティベーション

生活の中で「深く豊かな緑」を見始めたら、自分自身を十分に表現しましょう

エメラルドグリーンは、ユニバーサル・アクティベーションにはパワフルな色です。非常に素早く働き、植物が見える自然環境で簡単に見ることができるからです。あなたの生活で深く豊かな緑のエネルギーを見始めたら、あなた自身を十分に表現するようにというリマインダーだと思いましょう。この色があなたの目に入るときはいつも、あなたの存在のクリエイティブな面とつながる機会です。食事を楽しんでいるときに緑色の野菜が見えたら、一瞬動きを止めて、あなたのクリエイティビティのユニークな表現を称賛してください。ミーティングで緑の服を着ている人がいたら、あなたのその人とのコミュニケーション・スキルを、高めてもらってください。エメラルドグリーンに気づくときは、あなたの魂が、このエネルギーを一服したいとあなたに伝えているのです。あなたが色とそのエネルギーの関係を理解し始めると、どんな瞬間にも、どのエネルギーをあなたは必要としているかを判断するのに役立つ、強力な道具になります。エメラルドグリーンは、人生における美しさを見て、あらゆる種類のクリエイティブな表現を称賛するように助けてくれます。

エメラルドグリーンをユニバーサル・アクティベーションする簡単な方法は、コンピュータや携帯電話の背景を濃いエメラルドグリーンに替えて、クリエイティブなエネルギーを高める

ことです。私はとくに、物を書くときこうすることが大好きです。没頭してタイプしているときに、緑色をいつも見ることができるからです。緑の背景は自然のイメージでもいいし、あなたが好きであれば、ただ緑1色でもいいでしょう。先ほども触れたように、様々な研究で、緑色を見るとクリエイティビティとコミュニケーションが高まるという結果が出ています。あなたの唯一の限界はあなたのクリエイティビティです。そしてそれは今、成長し、拡大しています！

エメラルドグリーンのユニバーサル・アクティベーション・エクササイズ：新しい芸術的プロセスに携わるアーティスト・デートを実践する

このエクササイズは、新しい芸術的なプロセスに携わる簡単で楽しい方法です。アーティスト・デートは、これまであなたが試みたことのない、あらゆる種類の創作活動です。ここでの私たちの目標は、あなたのために個人的な表現の新しい可能性を開くことです。あなたがこのアクティビティを大好きになる保証はありませんが、アーティスト・デートで、あなたの人生の他の分野でクリエイティビティが新たにはじけるかもしれません。あなたが以前に考えたこともなかった、あなたのクリエイティビティを表現する楽しい方法を発見するチャンスもあります。

ユニバーサル・アクティベーションの力を使って、これから7日間アーティスト・デートにコミットするという意図を設定します。あなたがアーティスト・デートを探すとき、緑のエネルギーからのサインに目を開き続け、それがあなたに語るときは耳を傾けてください。たとえば、午後のワークショップについて質問するために絵のスタジオに入ったら、先生が緑色のネックレスをつけている。または、週末のダンスのクラスを取りたいと思っていたら、たまたま家のそばでグリーン・ダンス・スタジオを車で通りかかる。このようなメッセージを色を通して受け取ることにオープンでいてください。すると、より素早くそのようなメッセージに気づく方法を学ぶでしょう。

唯一の必要条件は、あなたにとって普通ではないアーティスト・デートを選ぶことです。あなたは通常よりもクリエイティブな、意識の別の部分を刺激しようとしているのです。この試みにルールはありません。スクラップブック作り、ジュエリーの制作、料理教室に行く、何でもいいのです。どのように自分のクリエイティブな面に関わるかは、完全にあなた次第です。

潜在的選択肢には次のようなものがあります。

- 半日のライティング・リトリートに参加する。
- カリグラフィーのワークショップに出る。
- 集中して即興コメディを試みる。

エメラルドグリーンのアファメーション

私のユニークなクリエイティビティ／創造性は、私を通って自由に流れます。

物を使ったエメラルドグリーンのアクティベーション

植物や食物からコンピュータまで、クリエイティブな緑を取り込む

エメラルドグリーンは成長した植物や健康な草の色に近いので、自然を色の小道具として活用するのはとても簡単です。私の家には様々な鉢植えの植物があり、書き物をするときには、よくそのそばに座ったり触ったりします。植物はあなたの家や仕事場に緑色をもたらす、素晴らしい方法です。

日々の暮らしにエメラルドグリーンのエネルギーを取り入れるもう一つの楽しい方法は、それを食べることです！　私のクライアントの一人は、特定の色とのワークを増やすために、食べ物をよく使うと教えてくれました。これは素晴らしいアイデアだと思います。摂取する前に食べ物を見るだけでなく、文字通り身体に食べ物の色を吸収します。そして、世界中に様々な緑の野菜があるおかげで、あなたの食生活はエメラルドのエネルギーを取り込む、真の現実的行為になるのです。

あなたの毎日に取り入れることができるエメラルドグリーンの小道具には、次のようなものがあります。

✦**植物。**緑のエネルギーを呼び出すのに、あなたの家に新鮮な植物を持つことよりも良い方法などあるでしょうか？

✦**あなたのコンピュータの背景。**どんな種類のものを書くときにも、コンピュータの背景を緑色のものに設定し、それに触れてクリエイティブなエネルギーを高めましょう。

✦**緑色のノート。**緑はクリエイティブな表現すべてに関係するので、あなたのアイデアやクリエイティブな考えを書き留めるために緑色のノートを使ってみてください。

物を使ったエメラルドグリーンのアクティベーション・エクササイズ：自分の好きなエメラルドグリーンの色の料理を創る

このエクササイズの目的は、あなたのクリエイティビティを表現する楽しいやり方を提供することです。私たちは皆食べなくてはならないのですから、同時にエメラルドグリーンを活性化《アクティベート》してみませんか？

緑色を見せる料理では、どんなものが創れますか？　サラダ、ホウレンソウのラップ、何でもいいのです。私の好きなエメラルドグリーンの野菜には、次のものなどがあります。

●ホウレンソウ
●ブロッコリー
●芽キャベツ

食事を準備するときは、あなたのクリエイティブなスピリットを活性化させることを目的にして、必ず野菜一つ一つに触れてください。

実際には、このエクササイズのアイデアは、あらゆる色に使うことができます。私は活性化しているエネルギーに応じて、異なる色の食べ物を意図的に混ぜるのが大好きです。

エメラルドグリーンのシャドウ・サイド

自己表現のブロックで人間関係やあらゆる要素に悪影響を与える

エメラルドグリーンのシャドウ・サイドは、ブロックされたクリエイティビティとコミュニケーションです。自分が「私はクリエイティブな人間ではありません」とか「私は世界と分かち合うものを何も持っていません」と言っているのに気づいたら、もしかしたら、この色のシャドウ《影の》・サイド《面》が関係しているのかもしれません。エメラルドグリーンはクリエイティビティにだけ影響しているように見えるかもしれませんが、この色を無視すると、あなたの人生であなたの表現が抑えられているかもしれない人間関係やあらゆる要素に、悪影響を与える可能性があります。

私は、あなたのクリエイティビティは、あなたが好きなように、公開して表現したりプライベートに表現したりできると述べました。エメラルドグリーンのシャドウ・サイドは、私たちを騙して、自分のユニークな声は聞いてもらう価値がないと思わせます。例えば、私のクライアントの一人であるジェンは、ひそかな詩人と言ってもいい存在でした。彼女は10代のころは詩を書くのが大好きで、詩は、自分の経験を日記に書くときにカタルシスを起こしてくれる形だと感じていました。でも、中部アメリカに住む大人として帳簿係として生計を立てるようになり、彼女は自分のこの一面を子供っぽいことだと思うようになりました。彼女の大親友でさえ、彼女の過去の自己表現の方法を知りませんでした。彼女は高校生のときは外交的でしたが、大人になったらずっと静かで無口になりました。詩のようなシンプルなものでさえ、中毒か人に見せられない秘密であるかのように、隠されてしまいました。

彼女は夫のブライアンとの関係がぎくしゃくしていたので、助けを求めてコーチングを受けに私のところへやって来ました。ジェンは自分の気持ちを、表現するより封じ込めるほうが簡単だと思い、その結果、ブライアンは彼女のことが全く理解できないと感じるようになってしまいました。ブライアンは善意から、もし何か気になることがあれば、ジェンは昔デートしていたころのように彼に伝えてくれるだろうと思いこんでしまいました。

ジェンの夫との関係に直接焦点を当てるのではなく、私はまず最初に、彼女が自分のクリエイティブな面を他の人とシェアすることから、恩恵を受けることができると感じました。彼女のエネルギーにチューニングを合わせると、身体の上に暗い緑が浮かんでいるのが見えました。彼女のオーラは身体から分離しており、緑のエネルギーと自己表現との彼女の関係が、緊張していることを物語っていました。こんなに強力な芸術的なエネルギーが彼女から明らかに発しているのに、それを封じ込めてしまったため、彼女が自分の中心《コア》からコミュニケーションする能力が停止してしまったのだと私には見えました。

私は彼女に「内なるアーティストを目覚めさせる」エクササイズを試してもらい、彼女は詩を書くことの、強烈で幸せな記憶を思い出しました。ジェンは、思い出の宝箱にしまいこんでいた古い詩の日記を何冊か取り出すことさえしました。彼女がその日記を手にしたとき、喜びの火花がきらめくのを見て、私はジェンがもう一度自分の内なる詩人を目覚めさせて、どんな気持ちがするか感じてみるべきだと思いました。詩を通して他の人とコミュニケーションすることは、彼女が初めて詩を部屋で一人で書いていたときと同じように、カタルシスを起こさせる可能性があると、私は直感しました。

自分自身を表現するときが来たとき、ジェンは再び詩を書くことにコミットしました。彼女は週に一度練習できる、地元の作家のワークショップを見つけました。そしてそのプロセスと本気で恋に落ちてしまいました。ジェンはエメラルドグリーンを活性化《アクティベート》し続け、のちに、その経験は彼女のクリエイティビティを満足させてくれただけでなく、彼女を夫に近づけてくれたと報告してくれました。彼女は書いた詩を夫に見せ、そのうちいくつかは2人の関係についての詩でした。その中で彼女は彼への愛と、自分自身であることを拒絶される恐怖を語っていました。ジェンが詩を通して彼女の傷つきやすさを表現するのに触れて、ブライアンは自分の気持ちをもっと伝えることができるようになりました。彼は、彼女が自分の詩を朗読するオープンマイクの夜に自分も参加することさえして、妻をサポートできることに喜びを感じました。ユニークな個人としてあなたが誰なのかをコミュニケーションすると、あなたの人生のあらゆる領域にわたって、それは確実に翻訳されて伝わるのです。

第7章

紫

特質：リーダーシップ、運命、目的

シャドウ・サイド：方向性の欠如／優柔不断

紫は、リーダーシップのエネルギーを築き、人生の目的を知る助けになる

明るい紫色は世界中で、リーダーシップのエネルギーと長い間関連がありました。実際に紫は、紀元前2万5千年のフランスの新石器時代の遺跡にまでさかのぼる、古代の芸術に使われた最初の色の一つとしてリードしました。そして紫は、15世紀に地中海に始まり、世界中の王族、司祭、貴族、役人など、様々な指導者たちに好まれる色となりました。紫は英国王室とヨーロッパの王族に特別な機会に使用される色です。スピリチュアルな思想においてリードすることを意図している神学生の卒業式では、しばしば紫色のローブが着用されます。紫は、私が特に自分の意思決定に自信を持って落ち着きを感じたいときにいつも頼る色です。

日本で紫は、貴族の家族と天皇の色です。中国では紫は、霊的な意識と強さ、指導者の典型的な特性と関連しています。中国の絵画では、紫は青と赤（陰と陽）の組み合わせであるため、宇宙で調和を達成することを象徴する色です。

紫は旧約聖書にも言及されていました。出エジプト記でモーゼは、イスラエルの民に供物を持って来させるように神から言われます。その供物の中に、幕屋と祭司の宗教的衣服を作るための紫色の布がありました（もしそれが神にとって十分いいものであればということですが……）。そしてイエスは、はりつけの日にローマ軍によって紫色の服を着せられました。彼ら

の意図は、彼が〝ユダヤ人の王〟であったという彼の主張をあざ笑うことでしたが、彼にリーダーシップと運命の色の服を着せることによって、無意識のうちにローマ人は、イエスのリーダーシップを認めていたのです。

記録に残る歴史の中で最大の軍事指導者の一人だったアレキサンダー大王は、重要な式典には紫を身に着けて行きました。ソロモン王はエルサレム神殿を、濃い紫色の布で飾ったと言われています。ローマ共和国では、成功した戦いで自分の部隊を率いた将軍は、誰でも名誉の公のしるしとして紫色のトーガを身に着けました。そして米国では、紫色のハートは通常勇気のしるしと見なされ、戦闘で負傷した兵士にパープルハート章が授与されます。

１９００年代初めに、紫はあらゆる種類の社会の発展を導いた人々と関連付けられました。紫は、女性の投票権を得るための勇敢な闘いとなった、女性参政権運動の主要な色の一つでした。女性参政権論者に尊敬の意を表すため、紫は１９７０年代の女性解放運動を代表する色になり、その後この運動は、すべての女性に平等を確立することに向けて大きな進歩を遂げる、きっかけとなりました。

あなたが自分の目的を見つけることに取り組んでいるのであれば、紫は役に立つ色です。「私の目的は何でしょうか?」という質問を、私は一日に何度もクライアントから聞きます。自分の目的を見つけることに取り組んでいるならば、紫はそれが何なのかを見つけ出すことを助けてくれるでしょう。目的の欠如は、迷って途方に暮れる、という一般的な感覚も含む傾向があると私は思います。ですから、リーダーシップのエネルギーを築きあげていくと、このパターンを破る助けになります。結局のところ、リーダーシップの資質は、私たちが集団から離れて自分の足で立つために必要です。私がサイキックかつ人生のコーチとして過ごしてきたすべての年月において、運命の概念は私のクライアントの最も一般的な、存在に関する質問の一つです。私自身も時々自分に尋ねてきました。なぜ私はここにいるのでしょうか？　これらすべてのことは、なぜ起こっているのでしょうか？　自分の人生で、何をしなければいけないのでしょうか？

若かったころ、私は自分の究極の目的は、サイキックでスピリチュアルな先生になることだと確信していました。でも、自分のスピリチュアルな旅をさらに進んだ今、その考え方は幾分エゴに駆られていたように思えます。20代の初めのころは、私は自分がサイキックだという理由で得ていた注目が好きだったと認めなければなりません。話している相手が、私を信じてくれているのか、信じていないのかは関係ありませんでした。私が何の仕事をしているかと尋ねられたとき、いつも私の答えは人を振り向かせました。

「でもどうやって生計を立てるのですか？」。誰かが続いて尋ねるかもしれません。

「ええと、サイキックとしてです」この答えは、私は生活のためにポケベルを販売しています、とでも言ったかのように、人々を困惑させるようでした。

サイキックであることは確かに私の目的の一部ですが、反抗の形でもありました。あのころの自分の選択肢と人生を見渡してみると、自分がたくさんの痛みを抱えていたことがわかります。私はまだクローゼットに隠れていて、非常に太りすぎで、自分の運命や目的と本当に沿ってはいませんでした。「私はサイキックです」という壮大な発言が持つ言外の意味が、（私自身を含む）人々に、私は自分の目的としっかりと結びついていると思わせてしまうように思えました。そのとき私は、仕事は運命と同じものではないことを理解しました。

私が最近自分の目的について紫を使って瞑想するとき、正しいと感じる答えは、私は人々がより良い人生を生きることができるよう、力づけるためにここにいるということです。私は他の人々の経験の価値を認め、なにか助けになれるようなガイダンスが提供できたとき、最も幸せを感じます。私はこのことを自分の仕事を通して定期的にできることを幸運だと思っていますが、もし私が弁護士、会計士、または他の職業についていたとしても、同じ目的に動かされていたでしょう。誤解のないように言うと、私は自分の仕事を絶対的に愛しており、人々を助けることで多くの満足感を得ています。でも、私のキャリアは、私という存在の全体を定義するものではありません。むしろ、それは私が自分の目的を表現することを助けてくれる道具なのです。

あなたの人生の状況によっては、あなたの仕事は単に請求書の支払いをして家族を支える方法でしかないかもしれません。このことが間違っているということなど絶対的になく、間違っているかもしれないなどと仮定するのは、非現実的です。私には、成功した会社を経営している様々なクライアントがいます。でも、彼らの実際の人生の目的は、仕事の外に存在します。それなのに、仕事との直接的関係において目的は何か、という質問をするクライアントが後を絶ちません。

もし、この惑星にいる理由が、もっと深いものだったとしたら、どうでしょう？　たぶん、私たちの目的という概念が、誰も想像できないくらい深遠なのでしょう。仏教思想によれば、ドゥッカ（dukkha）つまり苦しみは、絶えず変化し続けるものを手放したくないという、私たちの欲望によって引き起こされます。仕事が変わるかもしれないのと同じように、私たちの目的も人生を通して変わり続けるということに、気づいていなくてはなりません。

リーディングで浮かんだ深くて濃い紫のクライアントの事例

最近私は、ビルという名の50代半ばの男性のリーディングをしました。

「やぁ、おはよう」。ビルは、私がそれまで聞いたこともないような深い南部訛《なま》りで、ゆっくりと言いました。私はテキサスに5年住んでいたのですから、それだけでもいろいろなことが伝わります。

「ハーイ、ビル。初めまして！　今までに直感リーディングを受けたことはありますか？」

私は聞きました。

「いいえ、ありません」

「どこで私のことをお聞きになりましたか？」

「どこで聞いたのか、全然思い出せません」

私は彼を、いつもセッションの初めにする短い瞑想にいざないました。このプロセスをすることで、私は自分のエネルギーをクリアにし、クライアントについてもたらされる情報を、受け取る準備ができるのです。それから、私はリーディングを始めました。

「ビル、名前を3回言っていただけますか」

「ビル、ビル、ビル」

ビルが名前の最初の音を口にした瞬間、私の心の目は、深くて濃い紫のエネルギーであふれました。私は背筋を伸ばして座り、目の前のメモ帳に書きました。私は偉大な存在のもとにいます。

「ビル、あなたが名前を言ったとたん、あなたのまわりに最も鮮やかな紫のエネルギーが見えました。私は紫をリーダーシップと運命の色と定義しています。紫は、私たちが自分の目的と合致することを助けてくれます。説明するのが難しいのですが、あなたのエネルギーにチューニングを合わせると、私には、もっと背が高くて強い、どういうわけか、もっと自信にあふれたエネルギーを感じるのですが」

「それは面白いですね。なぜなら、私は今、リーダーのような気が全然していないんです」

ビルの答えに私はびっくりしました。彼のエネルギーは、しっかりと頑丈で完全にフィットしていると伝わってきたからです。通常、誰かが不安だったり自信がない場合は、ビルから感じたこととは反対のことを感じます。そして、私は椅子に前かがみに座ったり、そわそわ焦ったり、混乱を感じるかもしれません。彼が自分のことを、まわりの人たちが彼のことを見ているようには見ていない可能性はあります。そして、私が彼のエネルギーにつながっていないという可能性も、あります。このようなことは直感にはつきものです。直感は癒やしのアートであり、正確な科学ではありません。クライアントの反応が私のサイキックな印象と合わない場合は、私はもう一度立ち返って、自分の直感をダブルチェックします。私が言うことにクライアントが共鳴しない場合は、私は通常リーディングをそこで終えて支払いを返金をします。

「ビル、私が感じるのは、あなたは金銭的にとても成功しているということです。あなたの人生の仕事面について話したいと思います。それがあなたのエネルギーで、優勢を占める部分だからです。あなたは職場でかなりの家族を育ててきました。チーム全体の強みを強調するのがとても上手なようです。あなたのキャリアにフォーカスすると、私のハートはいっぱいになり、満足感を感じます。これは、そこでのあなたの人間関係が、バランスが取れていることを意味します。あなたは人をリードするだけでなく、人々を一つにまとめるのも非常に上手です。あなたの仕事のアイデンティティが、あなたの人生の目的に完全にフィットすることを可能にしてきたのだと感じます。このことは、合っていますか？」

「あなたが『家族』と言うのは面白いですね。私はいつもその言葉を使うんです。私はヒューストンに建設会社を所有していました。いつも自分のチームのことを話すときは、家族として話していました。私たちは毎週、『仕事の家族』とミーティングを開いていました。私は彼らのことを従業員と呼ぶのは全く好きではありませんでした。対等な存在として一緒に何かを築いているように感じていたんです。あぁ、自分の身内よりも彼らと一緒に過ごした日々もあったんだ」

これは、私がサイキック・トゥレット症候群と呼ぶ瞬間です。このときは、ビルのスピリットガイドが私の耳元で、彼は一緒に働いている人々を家族と呼んでいます、とささやいたのではありません。むしろ、キーワードが私という存在を通して浮いてくるような感じで、普通、それを口に出して言うまでは、話している相手にとってそれがどれくらいの意味があるのかわかりません。紫はまた、このような瞬間にも私を助けてくれます。なぜなら、やって来る直感的なメッセージについて話すためには、まず信じてやってみることが求められるからです。自分が間違っているかどうかは関係ありません。最も重要なことは、メッセージを伝えるということです。

「それでは、なぜ自信が持てないのですか？　成功したビジネスを持ち、チームのリーダーであるということは、非常に認められた証拠だと想像しますが」

「だからこそ、あなたと会って話したかったんです。最近私は自分の会社を売却して、会社が無くなったら、ええと、少し途方に暮れてしまって。売ることができるようなビジネスを築くということは、これまでずっと私にとっては集大成を意味していました。でもそれを終えてしまった今、思っていたようには感じていないのです」

私たちは、数分の間、なぜ彼が自分の建設会社を売る決断をしたのかについて話しました。ビルの父親は、ビルがまだ赤ちゃんだったころ家族を捨てました。ビルと彼の姉の養育はすべて母親の責任になりました。母親は家族を養うために自分にできるベストを尽くしましたが、金銭的サポートも定職もありませんでした。一家は絶えずホームレス寸前でした。このようにストレスの多い育ち方をしたため、ビルは、このような経験は二度と繰り返さないと誓い、家族を繁栄に導くと決意して大人になりました。彼が話している間、彼の頭と肩のまわりを、紫色のエネルギーの渦が脈打っていました。彼のリーダーシップのエネルギーが、早く目覚めて深く浸透していたことが見てとれました。

ビルは高校を卒業してすぐに地元の建設会社に雇われて、肉体労働をしたと説明してくれました。

毎日、彼は自分の仕事についてできるだけ多くのことを学び、建設現場で最高の従業員になるという彼の主な目標に集中しました。すぐに彼はオーナーに感銘を与え、オーナーは彼を昇進させました。いつもサポートをしてくれていた彼の上司は、君はなんて素晴らしい仕事をしているんだ、と彼に定期的に言ってくれたので、ビルの自信はおおいに高まりました。ビルの将来性を見て、上司はビルが一般工事請負業者のライセンスを取れるように学校に行くお金を貸してくれました。彼は何年も一点に集中し続け、家族を繁栄に導きました。これは、典型的な紫の特徴です。

ある日、銀行融資を受ける資格を得るために十分な信用を築いたビルは、のちに成功することとなった、自分の建設会社を始めました。そこで彼は、上司が自分にしてくれたように、自分の従業員を確実にサポートしました。純粋な意志と自分自身のリーダーシップの能力を使って、ビルは自分で努力をして完全に成功を収めました。彼は湖のそばに母親のために美しい家を建て、いつもそうしたいと望んでいたように、彼女の世話をしました。

でも、ビルの話が終わるとすぐ、彼の頭のまわりにあった紫色のエネルギーは、上に上がって彼から離れていきました。それは彼の身体の上に浮かび、彼とはつながっていませんでした。リーディング中にこれが起こると、クライアントが現在この特定のエネルギーと悪戦苦闘していることがわかります。

ビルはビジネスをゼロから築き、チーム全体を成功に導きました。でも彼が言うには、彼はもはや自分のアイデンティティについてあまり確信を持てなくなっていました。毎日ゴルフをすることも、もう目新しいことではなくなり、彼は目的を切望していました。

「わかるかな。以前は、誰もが私のことを仕事を通して知っていました。私のクライアントは友人でした。私のチームは本当に私の家族の一員でした。そして、今はいったい何なのだろう？」

「ビル、お願いがあります。目を閉じて深呼吸をしてください。あなたの身体全体が紫色の光に包まれていると想像してください。あなたが呼吸をするたびに、紫色の光があなたが今いる部屋を満たしていくのを感じましょう。これから私はあなたに質問をします。あなたの心に、最初に浮かんだことを言ってください。あなたの仕事の中で、何が一番あなたを幸せにしてくれましたか？」

「人々を訓練することです」

「『人々を訓練すること』とは、どういう意味ですか?」

ビルは目を開けて私を見ました。

「私は人生を底辺から始めました。私は大変な努力をして今いるところまで来たのです。自分のために本当によくやりました。ここに来るまでに、私を進んで訓練してくれた人たちの親切さから恩恵を受け、私は幸運でした。私は成功を渇望していました。私の最初の上司は素晴らしい人で、私をサポートしてくれました。私はそのことを決して忘れませんでした。そして、それと同じことを、自分の会社で確実に伝えてきました。それが、一番自分が恋しく思っているものだと思います」

この瞬間、ビルの魂が彼の目的について、明確なメッセージを送っていました。彼は人々に、自分自身を助ける方法を教えたかったのです。私はこのことを完全に理解できます。なぜなら、これは私自身の目的と似ているからです。彼は人々に教え、彼らが仕事で成功する助けをすることに慣れていたので、会社を売却した後この目的が取り去られたように感じていたのです。ビルは、様々な人生の状況の中で、今も自分の目的を表現することができるということを知る必要があり、紫のエネルギーは、この目覚めを助けてくれる完璧な方法でした。目的は、必ずしもキャリアを通してのみ現れるわけではありません。

私はビルに、引退してからほとんどの時間を何に使っているかを尋ねました。

「以前より多くの時間をジムで過ごしています。忙しくしているのが好きなんです。余ったエネルギーを消費しなくてはならないし。栄養やより良い食べ方についても読むようになりました。友人の何人かは、健康になるための助けを求めてきました」

ビルは直感では自分の目的をはっきり知っていたのです。会社を売却した後、その目的を生きる新しい方法を、すでに現実化し始めていました。でも、仕事でのアイデンティティへの愛着心が強かったので、目的は仕事と離れても生き続けるということを見ることができなくなっていました。私たちのセッションの初めに彼が言ったことに基づけば、問題は、そのことについて彼が自信を感じるように統合を助けることでした。

ビルは私とさらに数回コーチング・セッションをして、成功するとは何を意味するのか、ということへの彼の執着を探求しました。私は、以下に記載されている「私の目的は何？」というエクササイズを彼に試してもらい、彼が自分の真実の使命とつながることを助けました。深く行けば行くほど、彼は、〝いい気持ちにさせてくれるのは、仕事以上のものなのだ〟ということを理解しました。本当の喜びは、他の人が自分の力につながれるように、彼らを力づけることにありました。ビルはこれを表現していたとき、自分の情熱に完全につながっていると感じました。

このことが明確になったので、私たちは、ビルが自分の目的を尊重するための計画のアウトラインを作りました。彼は、体調を整えるために助けを欲しがっている友人数人に連絡をして、ジムで定期的に会い、彼らにトレーニングをする計画を立てました。彼は友人の役に立ちたいと望んでいたので、これを無料で行いました。ビルはそれから、彼らのために細かな食事計画を立てて、いつどのように自分の体にベストの栄養を取るといいかがわかるようにしました。彼はまた、自分が建設請負業者のライセンスを取った学校で、奨学金基金を設立しました。自分が与えられたのと同じ金銭的機会を他の人々に与えることによって、彼らを力づけるためです。私たちのセッションが終わるころまでに、ビルの紫のエネルギーは、今までにも増していっそう力強く輝いていました。

紫のエネルギーで人生の目的と運命を理解し、仕事への道筋を見つける

紫のエネルギーとワークすることとは、私たちの魂の運命を見つけ、真の自己につながっていると感じさせてくれることは何かを、発見する手助けをしてくれます。運命はキャリアにつながっているという錯覚があります。これが真実である人もいるでしょう。ミュージシャンや詩人の公演を聞けば、彼らの喜びを感じるので、彼らは情熱と仕事を融合させたことがわかります。でも、私たちの運命と目的は多面的です。私はかつて、自分の運命はサイキックでスピリチュアルな先生であることだと思っていました。これは私の旅の不可欠な部分だと思います。でも、私の直感と人々を助けたいという欲望は、私が何で生計を立てていたとしても、現れていたでしょう。そして、すぐにそれを体験から見つけ出していたでしょう。

2013年の冬、私は深夜テレビのライブトークショーの司会を共同でしていました。私は

普段から話し好きで、過度に真面目になりすぎることはありません。そのおかげで、直感という話題をより親しみやすいものにできていると思います。私はいつも精神世界とポップカルチャーの世界を融合させて楽しんできました。一日クライアントとワークしてエネルギーをプロセスしたあとの私の大好きなリラックス法の一つは、クッキングショー、家の装飾に関するもの、または他の楽しいエンターテインメントを見ることです。私のクライアントの多くは、私は蓮華座で座って瞑想して夜を過ごすと思っていることを、私は知っています。でも、スピリチュアルな世界で丸一日過ごした後は、バランスを取るために、そこから休憩をとる必要があります。

あるプロデューサーがYouTubeで私の動画の一つを見て、私をミーティングに呼んでくれました。テレビの世界は、私の人生にいつも姿を現してきました。そしていつでも私は、より幅広い聴衆に色のパワーを知ってもらう機会に対してオープンでいます。プロデューサーは、セックスと男女関係について、相談者にその場でアドバイスをする専門家のチームを作ることに取り組んでいました。パネルには、ラジオパーソナリティのハイディ・ハミルトン、マイク・ダウ博士、アダルト映画スターのケイティ・モーガン、そして私が含まれることになっていました。

そうです。あなたが読んだ通りです。これは間違いなく、私のいつものスピリチュアルな仲間のサークルではありませんでした。私は、アダルトビデオ女優と仕事をすることについて、明らかに心配をしていました。狙いは、人々が長続きする愛を見つけることを助けるために、デートについての幅広いアドバイスを提供することでした。私は家に帰ってデイビッドに、この機会のことと私のためらう気持ちについて話しました。私はスピリチュアル的に紫を活性化《アクティベート》してきていたので、自分のワークを気軽に楽しくシェアして他の人を助ける、という私の意図された目的ははっきり理解していました。最終的には、紫を活性化した後私は、これは全く新しい聴衆とつながりながら自分の目的に忠実であり続けるという素晴らしい機会になる、と決意しました。それに他の人の仕事を裁くだなんて、いったい自分は何者だというのでしょうか？　皮肉なことに、私たちが会った後、ケイティは私に、サイキックと仕事をすることを私と同じくらいためらっていたと話してくれました。びっくりしました。

結局私は、ロゴチャンネルで約60話ほど続いた、あのセ、ッ、ク、ス、シ、ョ、ー、の共同司会として雇われました。私は毎晩ステージに上がる前に紫をよく活性化しました。テレビの生放送のペースの速い雰囲気の中、私は自分の目的に非常にフォーカスする必要がありました。あの特別な夜のことを、とくにはっきりと思い出します。なぜなら、私の目的を見つけることに関係していたからです。ショーが終わり、私はステージを出て、普通の服に着替えるために廊下を歩きメークアップルームへ向かっていたのを思い出します。角を曲がると、スタジオの警備員の一人が私をじっと見つめていました。彼は優しそうな男性で、50代後半くらいに見えました。ダークスーツを着てイヤホンをつけていました。常にすべてを幻想的に見せてしまういでたちです。彼は微笑んでいたので、私も微笑み返しました。

「あなたはこれをする運命なんですよね？」

私はそこで急に立ち止まりました。「なんですって?」

「あなたはこれをするために生まれてきたのですよね」

彼は続けて、私が相談者の一人に言ったことが頭から離れないと、説明してくれました。

その内容とは……若い男性がガールフレンドのことを心配して電話をかけてきました。彼らはよく喧嘩《けんか》をしていたので、彼は彼女が自分から去ってしまうと思っていました。彼女がストレスの多い仕事での問題を話そうとするたびに、彼はすぐさま、できる限りの解決策をすべて並べ立てていました。彼女のほうは自分の気持ちを彼が聞いてくれないと、彼に訴え続けましたが、彼は彼で彼女の反応に不満を抱き、混乱していました。

私は相談者に、そのような場合の彼の仕事は、ガールフレンドの問題を解決しようとすることではないとアドバイスしました。彼女は大人だし強いので、職場での同僚に確実に対処できたのです。彼女が必要としていたのは、彼が自分の気持ちの証人となってくれることでした。多くの男性が、獲物を空から狙うかのように急降下して、すべての問題を解決しようとするという、善意の間違いを犯します。そして、パートナーから「あなたは聞いていない」とよく誤解されます。私は、彼女が望んでいたのは、ただ自分の気持ちを彼に認めてほしかっただけだと説明しました。それは、もし彼女が仕事について愚痴を言っていたら、「うわぁ、本当に大変だね」と言ってあげるようなことです。聞いてもらうということは、私たちの多くが切望していることです。

警備員はこの相談話を聞いた後、自分の妻にこれを試してみたそうです。そうしたら信じられないくらいうまく行ったと言いました。背中の下までぞくっとしました。私は自分の目的を生きていて、実際に誰かを助けるという特権を持っていたのです。私は微笑んで、警備員に感謝しました。

この話を心の中で再生すると、喜びの感覚でいっぱいになります。私は自分の人生で紫のエネルギーとずっとワークしてきて、目的と運命についての深い理解を得ることができました。私は人々がより良い生活ができるようにサポートし力づけたいのです。テレビ番組の共同司会は私の人生の目的ではありませんでしたが、私の目的を表現することを助ける手段として役に立ちました。私がその経験について知っていることは、それが視聴者であろうと舞台裏の警備員であろうと、人々を助ける機会が私に与えられたということです。私は全国放送のテレビで、公然と同性愛者の直感ライフコーチとして、私が知っている最善の方法でアドバイスを提供していました。そして目的の美しいところは、ショーが終了した後も、私の仕事でも個人的な生活でも、毎日これをしているということです。

私たちの運命と目的は、一つの特定の仕事によって定義することはできません。それは私たちの人生の状況に応じて、変化し、形を変えるエネルギーです。私たちの仕事は、そのエネルギーを尊重することであり、紫は私たちがそれを行うための道筋を見つけるのを助けてくれます。

紫のアクティベーション・ノート

私の目的は何？

威厳を醸す紫は、成功への自信をサポートしてくれる

あなたが紫を活性化《アクティベート》すると、人々は、運命に最もつながっているあなたの側面を見ることになります。このリーダーシップのエネルギーは私たち全員に存在しますが、リーダーシップと自分の目的との関係をどのように結びつけたらいいかは、探さなければわからないかもしれません。紫はこのエネルギーの音量を上げ、私たちがなぜここにいるのかを見つける助けをしてくれます。誰かがその人自身のパワーの中にいるように見えたり、「完全集中ゾーン内」にいるように気づいたら、私はしばしばコメントします。どんな分野でも、ベストを尽くし、自分の光の中に生きて、自らの旅に完全につながっている人を見ると、こちらもインスパイアされます。

あなたが注目を浴びることを心地よく感じるなら、紫は簡単で親しみやすいでしょう。でも、注目を受けることがあなたにとって新しいことであれば、このエネルギーを活性化することは、最初は少し奇妙に感じるかもしれません（本章のシャドウ・サイド《影の面》を参照）。それにもかかわらず、この場合は、紫を活性化することはもっと重要でさえあります。どのくらいリーダーシ

ップを取りたいかは、いつでもコントロールできます。紫を活性化する最も重要な部分は、自分が自分の運命とつながることができるように、もっと人前にでてもいいと自分自身に許可を与えることです。

熟練した人々を尊敬することは人の摂理であり、これはビジネス界で最もよく見られることです。上級の卒業証書は特定のビジネス・スキルに役立つかもしれませんが、リーダーシップのエネルギーは、私たちすべてが尊敬し、最も反応するものです。ビジネスで成功を収めている多くの人々は正式な教育を受けていませんが、彼らの自信は、肩書きに欠けているものを補う以上にたくさんあります。彼らは自分が何を達成したいのかを知っており、このエネルギーは彼らの周囲をグルグル回って、目に見えない力を動かし、達成する助けをします。紫のエネルギーは、あなたの人生のあらゆる領域に活かすことができ、あなたの周囲の人々をリラックスさせる助けもします。なぜなら、彼らはあなたの意思決定に、もっと確信が持てるようになるからです。

紫を活性化すると、この威厳のある色とワークするにつれ、自分が以前よりも少し堂々と立ち、より強く、より深い自己の感覚があることに気づくでしょう。紫は、私が、より洗練されたエネルギーと呼ぶものであり、それはまた非常に社会的な色です。

紫のスピリチュアル・アクティベーション

神聖で純粋な紫の知恵につながると、真の最良の選択肢を知ることになる

私たちは皆、様々なエネルギーの組み合わせであり、時にはエネルギー同士が矛盾します。私たち一人一人に、神聖で純粋な紫の知恵につながる部分があります。このエネルギーにつながると、私たちは自分たちの運命に足を踏み入れるための真の最良の選択肢を知ることができる、そう私は信じています。ここから、私たちの真のリーダーシップと目的がやって来ます。セッション中にクライアントが目的意識を目覚めさせると、彼らは通常、自分の人生での差し迫った質問に完全な明快さを持って答えることができます。これこそまさに、私が自分の最初の本に、**でも、あなたはすでにそれを知っていた**というタイトルをつけた理由です。**その内なる知恵を目覚めさせることさえできれば、私たちは、自分の究極の道を見つけるために必要な答えをすでに持っている**と、私は信じています。

しかし、これは、言うは易く行うは難しで、それには理由があります。私たちは皆人間であり、身をひそめて静かにし、可能な限り簡単に人生を進もうとしています。あなたが自分の道の途上でどこにいるかによって、自分の道をより簡単に見つけるためには意識を高めてもらう必要があるかもしれません。

あなたが究極の目的のメッセージを受け取ることに関しては、様々な情報源からの知恵にオ

ープンでいて、それぞれからベストを選んでください。ザ・オラクルと呼ばれている私の賢い友人コレット・バロン＝リードは、私が自分の目的を明確にするのを個人的に助けてくれました。ダニエル・ラポートは、あなたが自分の運命を探し出すのに役立つ、素晴らしいオンライン・プログラムを提供しています。あなたの旅を助けることができるオンラインの便利なリソースが、他にもたくさんあります。

あなたが目的に向かって自分の道を歩み続けるとき、瞑想を通してスピリチュアル的に紫を活性化《アクティベート》させてください。そうすることで、あなたの内なるリーダーがはっきりと話し始め、あなたの魂が探してきたものを見つけたとき、あなたはそれをはっきりと聞くことができるようになるでしょう。結局のところ、あなたの内なるリーダーが、あなたを「答え」に導いてくれるでしょう。

私のクライアントが報告している、紫を活性化したときに起こる最も一般的な反応は、人々があなたの意見をより頻繁に求めるようになるかもしれないということです。これは、様々なやり方で起こり、見知らぬ人から道を聞かれたり、友人が人生についてのアドバイスを求めてくるかもしれません。これは紫が、あなたの中のリーダーが表面に出てくるのを助けるからです。

紫のスピリチュアル・アクティベーション・エクササイズ：他人のためにできることは何か？　ハイヤーセルフに尋ねましょう

地球上で私たちの目的を見つけるということに関して、尋ねることが最も可能でリアルな方法の一つであることを意味します。意味の追求が、私たちはなぜここ地球上にいるのか、そして私たちは何をしなくてはならないかを理解するのを助けてくれます。仕事を通して目的を果たすことができれば素晴らしい祝福ですが、仕事の他にも私たちの運命を表現する方法があります。

瞑想の中でスピリチュアル的に紫を活性化させるプロセスをしてください。あなたが身体中に紫のエネルギーをおろしたら、あなたに最高の喜びをもたらしてくれる、あなたが他の人のためにすることは何かを見せてくださいと、あなたのハイヤーセルフに尋ねましょう。答えは記憶に基づいてくる場合もあれば、受け取る必要のあるメッセージとして単に来る場合もあります。例として、次のものがあります。

●人を笑わせる。
●人が深い悲しみを克服するのを助ける。
●健康によい食べ物を作ることを通して、身体に栄養を与える。

答えがすぐに来なくても、焦らないでください。スピリチュアル的に紫を活性化するたびに、この質問をすることができます。主な目標は、あなたの気分を良くしてくれるものにフォーカスすることです。

紫のユニバーサル・アクティベーション

あなたが運命と完全に一つになる偉大な機会をビジュアライズしましょう

紫が見えるときはいつでも、姿勢を良くして、自信を持って立つようにしてください。自分の目的につながっているリーダーは、品位、誇り、優雅さを持っています。この色を探していて、または偶然に目に入ったときは、深呼吸をして、肩を後ろに引き、堂々と立ってください。自分のことを、軍隊の将軍、法廷の裁判官、また、誇りを持って堂々と立つ、あらゆる種類のリーダーとしてビジュアライズしてもいいでしょう。

これをしたときの、自分の反応に気づいてください。堂々と立つと、どんな感じがしますか？　誇りに思うとは、どんな気持ちがしますか？　あなたが受けるにふさわしい注目を優雅に受け取るのはどのように感じますか？　このような質問に対して、身体がわずかに反応することに気づくでしょう。あなたの身体は縮まったりリラックスしたりするかもしれません。あなたの自尊心に応じて、緊張してその考えに抵抗するかもしれません。これらの反応のいずれか、またはすべてが、あなたが運命と完全に一つになる偉大な機会なのです。

紫のユニバーサル・アクティベーション・エクササイズ：内なるリーダーが現状をどう処理するか宇宙に見せてもらう

このエクササイズは、一日を通して、あなたのリーダーシップの質を定期的に高めるのに役立ちます。その理由は、明白な目的というレンズを通して、あなたの人生のピントを合わせ直させるからです。あなたが紫のリーダーシップのエネルギーを利用することに慣れていなければ、それはチャレンジになるかもしれません。友人に彼らの人生について良い忠告やアドバイスを与えるほうが、ずっと簡単だと私は思います。あなた自身の最善の利益ということになると、このように同じ良い選択をすることは、もっと複雑になる可能性があります。このエクササイズは、あなたの本当の目的を主張するのを助けてくれる、決断力という特質を磨いてくれるでしょう。

このエクササイズの目的は、あなたが内なるリーダーとつながり、あなた自身のガイダンスの源を得ることができるようになることです。紫のエネルギーであなたのリーダーを呼び出すと、あなたのリーダーの運命につながっているあなたの部分が表面に出てきて、あなたが答えを見つけるのを助けてくれます。ユニバーサル・アクティベーションのプロセスは紫色に気づくという意図を設定するので、あなたは一日中それとワークすることになり、このエクササイズはその間ずっと続きます。

あなたが優柔不断に感じたり、行き詰まっていると思う分野について考えてみてください。

まず、質問を書き出してください。紙に書いてもいいですし、携帯電話に書いてもいいでしょう。私は、紙に物を書くと、自分の意識の中で書いたことがグラウンディングすると思いますが、どんな形でも大丈夫です。この質問は、あなたがリーダーシップのエネルギーを高めたいと望む分野であれば何でもかまいません。例をあげてみましょう。

●なぜ私は自分の仕事で行き詰まっているように感じるのでしょうか？
●なぜ私はこんなに頻繁に寂しくなるのでしょうか？

一日の間で紫色に気づくたびに、あなたの質問を考えるという意図を設定してください。あなたの内なるリーダーが現状をどのように処理するかを宇宙に見せてもらってください。答えをうまく受け取れない場合は、紫色を見るたびに、質問を念頭に置いて紫を再度活性化《アクティベート》し続けてください。出てくる可能性のある答えには、次のようなものが例としてあります。

●あなたは無意識のうちに自分の声が重要であるとは信じていないので、拒否されることを恐れて、はっきりと話したり、考えを提供したりしないことを選択しています。このため、たとえあなたが他の人に役立つアイデアを持っていたとしても、自分のコンフォート・ゾーンから決して出ないというサイクルが引き起こされています。
●あなたは恥ずかしがり屋なので、子供のころから知っている人たちのグループから、離れることができません。もう心は離れて、彼らのゴシップが楽しくないのにもかかわらずです。あなたが好きな趣味のグループに、ミートアップで参加してみてください。

これらの答えを忘れないで、紫を活性化し続けてください。ここでの意図は、あの内なるリーダーを継続的に強くして、そのパワーの場所から意思決定をし始めることです。あなた自身のリーダーシップのエネルギーを強くするたびに、あなたの内なるリーダーが望むステップを取るように、あなたは勇気づけられるでしょう。

紫のアファメーション

私は私の運命につながっています。

物を使った紫のアクティベーション

必要な瞬間に触れられるジュエリーやヒーリング・ストーンを活用しましょう

物を使ったアクティベーションは、紫の決断力、リーダーシップ、そして運命の力がもっと必要なまさにその瞬間に色の小道具に触れることができるので、特に紫には役に立つと思います。このことを考えると、ジュエリーやヒーリング・ストーンなどの色の小道具は、紫のために便利です。アメジストはニューエイジのコミュニティで人気の紫色のクリスタルです。私は物を使って紫のエネルギーを活性化《アクティベート》するとき、アメジストを使うのが大好きです。私のオフィスには大きなアメジストのクリスタルがあり、仕事をしている間中、私はこのアメジストに触れるのが好きです。何らかの理由で気が散ったりイライラしたら、クライアントとワークする前にこの紫色のアメジストに触れると、自分の目的が明確になります。中世ヨーロッパの兵士が戦争中に、穏やかな感覚を強く保つため、よくアメジストを身に着けていたと知って、私はこの話を好きになりました。私は紫のエネルギーが、そのような不穏な時代に、彼らが不動のままでいることを助けたのだと感じます。私は紫色のアメジストを好きですが、紫色であればどんな小道具でも、触れた時にあなたの中でこのエネルギーを活性化してくれます。

私は最近、親愛なる友人のアラン・コーエンとハワイでのリトリートを共同開催しました。アランは数十冊もの素晴らしいニューエイジの本の著者です。彼には自然な優雅さがあり、紫のエネルギーの典型でもあります。アランが教えると、自然で、リラックスした自信が彼からあふれ出します。彼は、他の人がその人自身のガイダンスにつながるようにインスパイアする、スピリチュアルな先生です。私たちのリトリート「あなたの中のグル（導師）」は、すべての生徒が自分の真の目的を見つけるための神聖なスペースを創ることを意図して作成されました。私たちは、神、知恵、そして真のグルは、すでに彼らのハートの中に住んでいることを、彼らに理解して欲しかったのです。

最後の日、アランの好きな呼び方では、卒業の日、私たちは参加者一人一人に、新たにパワーを与えられた内なるグルを思い出させてくれるものを、何か贈って送り出してあげたいと思いました。カラフルなビーズのブレスレットを手渡したとき、ハワイのプルメリアの香りが空気中を漂っていました。トップの7つのビーズは各チャクラを表しており、他のビーズはすべて紫色でした。目的は、それぞれの参加者に、自分自身が持って生まれたリーダーシップとガイダンスを、長く続く、目に見えるもので表して贈ることでした。このアイデアを私も気に入って、紫を活性化するために定期的に自分でもブレスレットをつけています。自分の内なるリーダーを思い出したいときはいつも、紫のビーズに触れるのです。

あなたの毎日に取り入れることができる紫の小道具には、次のようなものがあります。

✦**紫の花**。どの色の小道具にも私は花を使うのがとても好きですが、花は特に紫が美しいと思います。キンギョソウ、バーベナ、パンジーは、花の王国での栄光に満ちた紫の顕現のほんの一部です。

✦**アメジスト**。クリスタルにはいろいろな色がありますが、私はオフィスに置くときは、アメジストが一番好きです。

✦**紫のアクセサリー**。紫は、仕事で身に着けるのに素晴らしい色です。新しい仕事に応募したり、プレゼンテーションをしたり、何らかの理由で権威とパワーを使う必要がある場合は、そのエネルギーを呼び出すために、紫色のアクセサリーを色の小道具として使ってください。

物を使った紫のアクティベーション・エクササイズ：あなたに瓜二つの双子のリーダーを想像して行うワーク

このエクササイズには具体的なアクション・ステップが必要なため、少し努力が必要かもしれませんが、時間をかける価値があります。初めは他の人にアドバイスをしているふりをすると、自分のパワーとよりつながりやすくなることがよくあります。これは、自分たちの知恵にアクセスするまで、あらゆる制限的思考や頑《かたくな》な信念を回避するのに役立ちます。

1. このエクササイズに使う色の小道具を選択し、手に持ってください。紫色につながったと感じたら、目を閉じて、世界のどこかに、あなたと全く瓜二つの人物がいると想像してください。彼らはあなたと全く同じ生活をし、全く同じ経験をしています。あなた自身のこのもう一つのバージョンを使用します。ズーム・インして、この人の人生を鳥《ちょう》瞰《かん》して見てください。彼らはどのくらいの頻度でリーダーシップの役割を果たしていますか？　彼らは正直に自分の意見を表現していますか？　彼らがもっと多くのリーダーシップの資質を示すことができる分野、または特定の事例を書き留めます。例えば、次のような例があります。

● 家族が自分と一緒にすることに興味を示さなくても、より健康的に暮らし、運動プログラムを始めると決める。

● 夢に見てきたオンラインビジネスを始めるためのステップを踏み出す。

2. リーダーの例を考えるとき、私は会社の経営者や、他の人を動かしている人を想像します。または、どの家庭にも、いつもお付き合いのスケジュール、旅行や再会を計画する傾向のある人がいます。これらの例を考えながら、あなたの双子の片割れにフォーカスして、彼らは自分のリーダーが出てくることを許可しているかどうか見極めてください。

3. あなたの双子の片割れが、自分のパワーに足を踏み入れるために取ることができる行動を、少なくとも一つ挙げてください。例には次のようなものがあります。

●彼らが恥ずかしがり屋で、友人の誕生日パーティーが近づいてきているなら、進んでパーティーを主催したり、計画したり、または監督することができます。

●友人のグループと一緒に外出することを計画してください。

●職場で懇親パーティーを始めてください。

4. 自分がこのリーダーシップのステップをとることに取り組んでください。

狙いは、それが大きくても小さくても、リーダーシップの機会を認識して、自分が「イエス」と言えるようにすることです。このようにして、自分の人生で紫のエネルギーを強くするのです。何年もの間、クライアントたちは自分の将来を予測してほしいと私に依頼してきました。私がこのキャリアを始めたころは、次のようなやり方が、あるべき姿なのだと信じていました。つまり、宇宙の地図にチューニングを合わせることさえできれば、私は地図にあなたのコースを書き込む方法をアドバイスできて、あなたは自分の運命が到着するのを待っている間、障害物を避けるのに役立つ簡単な手引書を持つことができるというものです。でも、これは共同創造の真実ではありません。

私たちは皆、自分の現実を築こうとしているのです。私たちは自分の真の運命を主張するために、進まなくてはなりません。紫は、私たちが自分の内なるリーダーを奮い立たせて、自分の運命を創ることができるのだと理解させてくれます。紫のエネルギーは、私たちが物事を始める助けをしてくれるのです。

リーダーシップをとる機会を探しているときに、それが何を意味するのか、その判断や期待は捨ててください。多くの場合、機会はあなたの目の前にあり、あなたがチャレンジを受け入れるのを待っています。

紫のシャドウ・サイド

事の大小にかかわらず意思決定を躊躇・後悔の感情を引き起こす

紫のシャドウ・サイドは、方向性の欠如と慢性的な優柔不断です。紫の究極のメッセージは運命についてですが、私たちが紫のエネルギーのシャドウ・サイド《影の面》で苦労しているならば、様々な一見大したことのない状況に、困惑させられてしまう可能性があります。紫のアンバランスの主なサインは、意思決定を躊躇することです。事の大小にかかわらず、選択することにいつも苦労しているのであれば、あなたは紫のアンバランスがどんな感じがするかを知っているでしょう。紫のシャドウ・サイドの影響はすぐに広がります。

紫のエネルギーのアンバランスは、しばしば後悔の感情を引き起こします。これは、私たちが自分自身の人生でリーダーとしての役割を受け入れることを不快に感じる、もう一つの典型的なサインです。運命とリーダーシップについて考えるとき、私たちは非常に壮大なイメージを思い描き、これがどのように見えるのだろうと考える傾向があります。でも、今日一日という単位では、リーダーシップに苦労するということは、つまるところ、例えば、どこで昼食を食べるか決められない、ということにもなるのです。

良い知らせは、このアンバランスは、より早く決断することによって、簡単に癒やしに取りかかることができるということです。あなたの好きなように紫を活性化《アクティベート》して、それから、できるだけ小さな決断から始めます。どんな種類のシャンプーを買うか、どの映画を配偶者と一緒に見るか決めるとき、紫を使って前よりもはっきり決断できるようにしましょう。関連性がないように見えるかもしれませんが、これらの選択は、あなたが内なるリーダーを目覚めさせることに関係しています。あなたがもっと快適にこれらの小さな決定をすることができるようになればなるほど、より大きな人生の問題が起きたとき、自分自身に耳を傾けることがもっと上手になっているでしょう。

紫の光を活性化《アクティベート》させることで方向性の欠如がわかった場合、自己批判的な方向に受け取ってしまう可能性があります。自己批判はあなたを停滞させます。これは、変化を起こさないようにあなたを止めようとする、マインドが演じるトリックです。それでもこれが起きた場合は、より小さくてより簡単なリーダーシップの資質から始めて現実化しましょう。

私はずっと昔、フランクリン・プランナー（システム手帳のブランド）を使うのが大好きでした。紫のアンバランスを克服するのを助けてくれたからです。このころのプランナーは、やることリストとリマインダーで自分の生活を整理するのに便利でした。家を出て一人になった後、私は自力で人生を創るにはどうやって進めばいいのかわからず、苦労しました。私は他のほとんどの人たちより早く一人になり、どうやれば生産的になれるかを見つけようとしていました。ヒーリング・アートの仕事をするという自分の目標を達成するための動機付けとして、私はリストの喜びを発見しました。私にとってデイプランナーは、自分が自分自身をリードするのに十分な自信を持てるようになるまで、リーダーとして機能してくれました。

優先順位付けの全システムがあったので、重要度に基づいて自分の仕事に順序付けをすることができましたが、私はプランナーをもっとシンプルなバージョンに切り替えました。午前中にしたことを文字通りすべてリストし、各項目の隣にチェックを入れるものです。

1. 目を覚ました。
2. ベッドメーキングをした。

3．朝食を食べた。

学校に着くまでに、私のリストには少なくともその日5つ達成したことが載っていました。リストを作って自分が成し遂げたことに気づくと、私のエネルギーレベルは上がったものです。達成感を覚え、前に進み続けることができました。最近は、私は紫を活性化するときに、いつも同じようなリストを使います。こうすることが私にとって、人生においてもっと大きな目標を達成するために役立つのです。この考え方は、良い振る舞いをした幼い子供に、ご褒美としてステッカーをあげることと似ています。ステッカー自体は何の力も持っていませんが、子供は成果を認められたときに誇りを感じます。あなたが、リーダーであること、自分の運命とつながっていると感じることに苦労しているのであれば、紫を活性化させることと共に、これは役に立つ道具かもしれません。自分の毎日のルーティンと達成したことに気づくことから始めましょう。

覚えておいてください。あなたは常に人生を通して自分自身を導いています。これは小さな仕事ではありません。自分のルーティンから築いて、あなたの達成したことが成長するのを見ていてください。

第8章

ルビーレッド

特質：健康な感情と人間関係

シャドウ・サイド：感情的アンバランス／神経過敏、またはつながっていないこと

ルビーレッドは、あらゆる感情とハートセンターに直接つながっている

赤《レッド》は本質的に感情的な色で、私たちのハートの最も深い部分から振動しています。それは血の色であり、それゆえに私たちの生命力の源でもあります。そのため赤は、私たちが感じるあらゆる種類の感情ともともとつながっています。文化的にこの色は、ポジティブ、ネガティブ両方のすべての感情と最も強く関係がある色です。私たちが人間として経験できる感情は無限かもしれませんが、赤の統一テーマは、私たちに感情をより強く感じさせるということです。赤とワークすると、自分の感情にもっと気がついて、どんな瞬間でも自分がどう感じているかがわかるようになります。

歴史を通して、赤は最も頻繁に強い感情に関連付けられている色です。最も一般的には、愛、セクシュアリティ、そして感情的な喜びとの関連で考えられています。感情的な要素をさらに確立したものとして、赤いバラと赤いハートは、ロマンチックな愛の典型的なシンボルです。赤は、私たちが自然に火や危険に結びつける色でもあり、赤に対するこの原始的で感情的な反応は、私たち全員にコード化されて入っています。英語には、赤が感情的な色であることを示す一般的な言い方がたくさんあります。例えば、「赤が見える」は怒りを意味し、「赤い旗を上げる」は差し迫った危険を意味します。

仏教では赤は、仏陀《ぶつだ》が涅槃《ねはん》、つまり悟りの一番高次の状態を達成したときに、彼から放射されたと言われている色の一つです。赤はとくに、仏教の教えを実践することの利点のいくつかと関連付けられています。これらには、知恵、徳、尊厳が含まれます。アジアでは、赤は幸福と喜びに満ちた繁栄の色として、高く評価されています。日本の神道では、神社の威厳のある門（鳥居と呼ばれています）は、日常からスピリチュアルなところへと移行する通り道を象徴して、温かい赤に塗られています。

私は、私自身の色との経験を、科学的研究と比べながら考察するのが大好きです。赤の実験を調べたところ、様々な感情が一貫して高まっていることがわかりました。ロチェスター大学の研究では、男性は赤を着ている女性に、はっきりと、より性的に惹かれることが明らかにされました。[5] 目に見えて赤くなっているメスの霊長類（チンパンジーなど）は排卵が近づいていますが、これは驚くことではありません。それは交尾の相手を引き付けるための、自然のやり方です。欲望は、私たちが感じることができる、最もパワフルな感情の一つでもあります。ですから、欲望が赤でかき立てられるのは、自然なことです。自動車保険会社は、赤い車には高い保険料を請求すると考えられています。ドライバーがスピードを出して、スリルを求めて楽しむ傾向がより強いと彼らはみなしているのです。保険会社にとって赤は、情熱と浮き立つ気分のような高まった感情を楽しまなくてはいけない、ということを意味します。

インドと中国では、花嫁は純潔さの象徴として赤いウェディングドレスを着ます。古代エジプトでは赤は命そのものの色であり、市民（クレオパトラを含む）は祝祭の間、赤で自分自身を飾りました。国旗の最も一般的な色の一つとして、赤は血と国を守った人々の犠牲を象徴するために使われています。

赤は自然に最も注目を集める色なので、感情的に他の人とつながりたいときに最適です。私たちが人々に関わりたいとき、また、自分自身の感情体に再びつながりたいときにも役に立ちます。愛する人と離れ離れになっていると感じたり、自分自身の人生で不快な気持ちを避けていると感じたら、赤は私にとって、ともにワークするのに完璧な色です。

ルビーレッドは私たちのハートセンターに直接つながっています。ルビーレッドは私たちの感情のルーツを表し、他者との交流の仕方とつながり方を決定します。私は、ヒーラーと非常にエンパシー能力の高い人々のまわりに、よくルビーレッドを見ます。私がヒーラーと言うとき、私は人がもたらすことのできる、あらゆる種類の癒やしを指しています。癒やしは、しばしば、シャーマン、外科医、鍼灸師《しんきゅうし》、マッサージセラピスト、または同様の仕事をしている人からもたらされます。でも結局のところ、赤はヒーリング・アートを行う者に関しては、境界線がありません。

エンパス（他人の感情や精神状態を容易に感じる人）として、赤は私が一番探求した色の一つです。私は自分のことを、非常に敏感であると自分で思っています。私は、ほとんど知らない人たちの結婚式で、喜びの涙を浮かべたこともあります。とくに彼らの愛する人たちも泣いているとそうなるのです。私はまた、本の中の物語にもとても敏感で、ニュース、映画、そしてよくできたテレビコマーシャルでさえ、見ると非常に敏感に反応します。かつてセラピーでは、私は鈍感さが欲しいということについてよく話していましたが、今ではエンパシーは、私の最大の強みの一つであるということを学びました。敏感であるということは、その人はエネルギーにパワフルなつながりを持ち、進化した感情的知性の持ち主であるということを意味します。これらは貴重な資質で、人々にいつも自然に備わるとは限りません。あなたが自分のことを敏感だと考えていて、そのことを適切に管理できるなら、このエネルギーはあなたが他の人との関係を強くすることを助けてくれるでしょう。

自分の感情との健全な関係の秘訣は、いつ、どのくらい深く感情にアクセスするかを学ぶことです。ルビーレッドを活性化《アクティベート》すると、感情の深い世界とのあなたの関係を探求することになるでしょう。この色は、あなたの人生における様々な関係において、あなたがしているエネルギーのやりとりを見ることも助けてくれます。

私はいつも人々の人生のストーリーに惹きつけられてきました。そして、赤とのワークが、私がその理由を突きとめるのを本当に助けてくれました。人の問題を聞くのはつまらないと言う人もいるかもしれませんが、私は人々の意思決定の背後にある感情を理解し、彼らが自分の感情を理解するのを助けることが大好きです。コーチングを始め、直感的な仕事を専門にする前は、私はテレビの人々のストーリーに魅了されたことさえありました。ドキュメンタリー、回想録、そして一人称の物語は、どんな種類のものでも私を磁石のように惹きつけました。

私はかつては、これが自分のコントロール外で自分に起こっていると思っていましたが、今では、私は時々それを逃避として使っていたのだということがわかりました。これは、一部の人々が、愛する人たちの問題に没頭する理由の一つです。またこれは、リアリティ番組が多くの人々にとって、とても魅力的な理由でもあります。正直になりましょう。自分の人生よりも、他人の人生を詳細に分析するほうがずっと楽しいものです。私は何時間でも他の人を指導したり教えたりできますが、自分自身の肉体的、感情的、精神的な実践を進めるには、もう少し努力が必要となります。

自分が他の人の気持ちにフォーカスしすぎているとき、それに気づくことが重要です。なぜならば、これは私たちが自分の気持ちを避けているしるしである可能性があるからです。これがルビーレッドのエネルギーとワークする利点です。ルビーレッドのエネルギーは、私たちが自分の魂の感情的な棚卸しをするのを助けてくれます。

あなたのハートセンターを、預金と引き出しができる銀行だと考えてください。私たちは皆、ハート銀行に一定量の感情的資産を持っており、何が入ってきて何が出ていくのかに注意を払わなければなりません。人と会い、新しい関係を結ぶと、両者に感情的預金が作られます。この預金は、エネルギー交換や2人のつながりによって、サイズが異なります。あなたが、自分の人生の中で他の人たちにフォーカスして、過度に時間を費やしているのであれば、受け取っている以上に多くを与えているかどうかを、チェックし忘れているのかもしれません。

仕事の関係では、エネルギー交換をモニターすることはずっと簡単です。あなたが雇用されているときは、通常エネルギー交換は給与と社会保障手当で決まるので、非常に明快です。あなたは前もって、自分が何を入れて何を引き出しているかを知っています。でも、個人的な関係は、モニターするのはもう少し難しくなります。赤との究極の目標は、私たちの人生で、愛する人たちに、私たちとバランスの取れた、つまり平等なエネルギーの交換をしてもらうことです。私は仕返しをする必要があると言っているわけではありませんが、あなたは自分の感情的なニーズがケアされサポートされているかどうかを判断するために、定期的に自分自身がどんな状態か、チェックするべきです。もしそうでない場合は、欠けているものを補うために、幾分麻痺《まひ》したり、過度に感情的になったりしてしまうことがあります。

私たちは無意識のうちに、エネルギーと感情のやりとりの土台となるスピリチュアルな契約を常に創っています。私の場合、人々に次のような波動を自然に送り出している傾向がありま す。「私はあなたの話を聞いてあげます。私はあなたをサポートできます。あなたが私を必要とするときはいつでも励ましてあげます」。これはまさに私が伝えたいことですが、でも過去には、私が何をお返しとして必要としているかを伝えるのを忘れたものです。つながりたいという願いがあり、私は全く自分自身のことを考えずに、無制限にエネルギーを送り出していました。しばしば、私のハートセンターは、私が要求に応えることができなかったので、スピリチュアルな差し押さえ、または極度の疲労状態になりました。

ロマンチックな恋愛関係をブロックしてしまう事例

私は最近レベッカという名前のクライアントにコーチングをしていました。彼女は人生でのロマンチックなことに対するブロックに取り組みたくて私に連絡してきましたが、それは、より大きな感情的ブロックを暗示していました。レベッカはロサンゼルスのエンターテインメント関係の弁護士でした。彼女はキャリアでは大きな成功を収めていましたが、ロマンチックなパートナーを見つけるのに苦労していました。私はセッション時に彼女に電話し、彼女のアシスタントはレベッカを見つける間私を保留にしました。セッションを始めた瞬間から、彼女にとって自分の感情にアクセスすることは簡単ではないことを、私は感じました。

「あなたがロマンチックなパートナーを探していることを、世界とあなたのコミュニティにどうやって知らせますか？」。私はレベッカに尋ねました。これは、愛を現実化しようとしているクライアントに、私が最初に尋ねるいつもの質問です。

「あなたが私のコミュニティのことで何を言いたいのかわかりません。ほとんどの人と同じように、私はたいてい仕事で忙しくしています。ここでは誰も私の恋愛について知る必要はないのです」

「どちらかというと、あなたの魂のグループのことを言っていたんです。ロマンチックなつながりが欲しいということを、友人に話しましたか？」

「私の昔からの友達は皆結婚していて、子供がいます。私の愚痴を聞くより、もっといいことがあるでしょう」。彼女が話しているとき、私には、不透明な赤いエネルギーが彼女の頭と肩のまわりにきつく巻き付くのが見えました。オーラが不透明なときは、このエネルギーとの彼女の関係が自由に流れていないことを伝えています。そして、このエネルギーが身体の近くにあるということは、彼女は自分の感情を防御しているということを知らせていました。

「ロマンチックなパートナーを惹きつけたいのにまだ何も起こっていないなら、それを主張して、エネルギーを動かすことが大切です」

「そうですね、それは私のビジョンボードの主なテーマです」とレベッカは答えました。

「あなたのビジョンボードのことを教えてください」

「私はビジョンボードが好きです。私の今のビジョンボードは、私が欲しい愛のイメージの写真でいっぱいです。ビーチで歩いている幸せなカップルのイメージもあります。ロマンチックな言葉を切り抜いて、ボード全体に貼りました。一番大切な言葉は、情熱、セックス、親密さ、そして、サポートです。毎朝私はボードを見て、恋に落ちていると想像します。面白いのですが、それをすると、私のソウルメイトはすぐそこにいると感じるのです。彼がやって来ることを私は知っています。ただ、急いでくれないと。クレージーに聞こえるかもしれませんが、彼と私は、もうすでに霊的に会ったことがあると感じるのです。誰にもこのことを言ったことがないので、あなたにそれを認めるのはすごく恥ずかしいです」

「レベッカ、私は、色を見たり声を聞いたりすることについて人に話して、生計を立てているんです。あなたが感じていることや、また見ているものを私に言っても、全く安全です。私はあなたのビジョンボードのアイデアが大好きで、美しいと思います。でも、もう一度聞きます。物質的な世界とあなたの友人のコミュニティに、あなたがパートナーを探していることを、どうやって伝えていますか？」

「理解できません」

「あなたはデートしていますか？」

「いいえ」

「最近誰かをデートに誘ったことはありますか？」

「いいえ、絶対にしません！　決して。私はそんなこと絶対しないわ。私は絶望してはいません。それは男の役割だわ」

「オーケー、友達にデートのおぜん立てをしてもらったことは？」

「なんてことを。いいえ。ブラインド・デートなんて最低だわ」

「じゃあ、オンライン・デートのサイトにプロフィールを載せていますか？」

「いくつかデートのアプリをダウンロードしたけれど、ああいうところの男性は、ただ引っかけようとしているだけだわ。私は、居心地の悪いデートの段階を通らなきゃいけないのが、本当に嫌なんです。自分の時間をすごく無駄にするだけに思えます。私はただ恋愛関係が欲しいだけなのに」

レベッカは、赤のエネルギーと自分の感情の景色を無視している完璧な例でした。彼女のビジョンボードは素敵に聞こえましたが、デートを避けていれば、潜在的なソウルメイトと感情的につながる自然なプロセスができなくなってしまいます。彼女は、職場や個人的な生活でのつながりの欠如が、相手を惹きつける自分の能力に影響を与えているとは、気づいていないようでした。

さらに彼女は宇宙に、実際には彼女は恋愛関係に自分がオープンであるという合図を出していなかったのです。もちろん、デートが居心地の悪いことは理解できます。ディナーの席で共通の話題を探すのに苦労したり、この相手は好きじゃないとやっとわかったのに座って食事をするという拷問を、私自身も知っています。そしてまた、相手のことを気に入っても片思いに終わり、拒絶を経験する可能性もあります。そんな瞬間には身がすくんでしまいますが、これはソウルメイトを惹きつける重要な部分を成しています。嫌なデートはどんな気持ちがするかを知っていれば、いいデートのとき、どんな気持ちを探せばいいのかわかるでしょう。これはまさに、赤のエネルギーのポイントです。赤のエネルギーは、すべての状況で自分の感情をチェックする方法を教えてくれるのです。

私はロマンチックな関係を実現したがっている他のクライアントからも、同様の話を聞きます。彼らは、私が「ビジョン段階」と呼んでいるところで行き詰まります。自分がパートナーを欲しいということは彼らはわかっていますが、傷つきやすい感情を伴うので、デートの学習プロセスに自分自身をさらしたくないのです。自分の王子様やプリンセス・チャーミングについて、夢に描いて空想にふけるのは安全です。そこで私たちは、どんな風にでも好きなように存在し、言い、行動することができます。この夢のシナリオでは、傷つくリスクを冒すことなく、他の人々の感情と折り合いをつけて、管理することができます。でも、実際に行動を取って、デートを通して人々に自分の感情を見せることは、私たちに弱さをみせるように感じさせます。それこそがルビーレッドの扱うところです。ルビーレッドは、自分の感情的な分野のあらゆる弱さを、完全に認識することを私たちに余儀なくさせます。

「それでは、ビジョンボードは、あなたの家のどこにありますか?」

「クローゼットのドアの内側にかけてあります」

「レベッカ、それって、面白いことだと思いませんか?」

「なぜ?」

「あなたが愛を求めていることを、世界にどうやって知らせているか聞いたとき、あなたは、友人とそのことについて話したり、具体的に表現したりしていないと言いましたよね。あなたのビジョンボードだけが、宇宙が持っている、あなたが欲しいものの唯一の証拠です。このビジョンボードを、あなたは、喜びの感情と、あなたが実現しようとしている恋愛関係のワクワク感をもたらしてくれるようにデザインしました。それなのに、あなたのクローゼットの内側に隠されています。これは、宇宙に何と語っているのでしょうか？」

「ああ、それは、私のクローゼットが聖域だからです。小さなベッドルームの広さがあるんです。私はそこで服を着ます。ソファもあって、私は朝はそこでコーヒーを飲んで、ビジュアライズするのが好きなんです」

「美しく聞こえますが、エネルギーを追跡して見るときは、それが機能しているかどうかを見るために、自分が何をしているか見なくてはなりません。私が言えるのは、あなたは自分の人生で、もっと愛と親密さを創り出すことに関して、スピリチュアルな領域で立ち往生しているのです」

「それには同意しません。私はこの領域で、恋愛関係を惹きつけようとしていると、とてもはっきり感じているんです。私はあなたが、起こるはずのときにただそれは起こると、言ってくれると思っていました」

毎日のルビーレッドの活性化で自分の感情にアクセスできるように改善

「レベッカ、私はこれから言うことを、最も深い尊敬の念をもって言います。私は宇宙の自然な進行ということでは同意します。でも、あなたの努力が必要でないならば、なぜそもそもビジョンボードを作るのですか？　起こるはずのときに起こることになっているならば、なぜ何かするのでしょうか？」

レベッカは不意を突かれていましたが、私の次のコーチング・セッションの前に、私の提案のいくつかを試してみることに同意しました。

「あなたの意図をグラウンディングさせる次のステップは、それを宇宙と共有することです。赤のエネルギーが助けてくれると思います。あなたは愛を受け取る準備ができていることを、皆に知ってもらう必要があります。そして、傷つきやすいと感じているあなたの部分に、敬意を表する必要もあります。キャンドルをともしたり、ビジョンボードを作ったりするだけで、あなたが生涯愛する人を惹きつけるのに十分です、と言えればいいのにと思います。ビジョンボードは、あなたがこのエネルギーをグラウンディングさせるのを助けてくれると思いますが、**宇宙は行動に反応するのです**。あなたが法律の学位を取得するために、学校に通って勉強しなければならなかったように、愛を惹きつけるためにも、物理的なステップを取らなければなりません」

デートもしないで、友人や同僚に恋愛関係について話もせず、オンラインのプロフィールも作らないでいたのだから、彼女がパートナーを求めていることを、誰も知らないのかもしれないと、私はレベッカに指摘しました。実際、彼女の行動は、彼女が恋愛関係を望んでいないと宇宙に伝えているようなものでした。

「赤のエネルギーは、私たちが自分の感情や弱さとつながるのを助けてくれます。現在あなたの人生で、一緒にいて一番安全だと感じる人は誰ですか？」

「妹のアリソンです」。レベッカは素早く答えました。

「完璧です。今週は、あなたが自分の感情にアクセスするのを助けてもらうという意図をもって、ルビー・レッドのエネルギーを活性化《アクティベート》させる様々な方法を試してください。これは愛を見つけることと関連しているようには見えないかもしれませんが、私はあなたにこれを試して、それがどうなるかを見てほしいんです。あなたの感情についてアリソンと話をして、あなたが幸せに感じているか、悲しいか、それとも怒っているかを、なぜそう感じているのかという理由と一緒に、シェアしてほしいんです。それから誇りをもって、あなたのビジョンボードを彼女に見せてください」

「わかりました。やってみます。でも、アリソンは、私は気が狂ったと思うわ。だって、そんなこと彼女としたことは、一度もないんですもの」

「誰も気にしませんよ。これは単なる実験です。ビジョンボードを彼女に見せると傷つくように感じるなら、言葉を変えて、目標ボードと呼んでください」

私は赤のエネルギーを活性化するプロセスと、レベッカがそれを使って自分の感情につながる方法を説明しました。毎日のビジュアライゼーションで、自分自身を赤でつつむように彼女に勧めました。ユニバーサル・アクティベーションのために、彼女は赤いバラを買って家の中心に置くつもりでした。どんな花でも赤であればかまいませんでしたが、彼女のクローゼットの説明を思い出したら、バラが予算を超えているとは思えませんでした！

「あなたの家にバラを置く理由は、あなたのハートの欲望を人が見ることを、あなたは許可していると、バラを見るたびに思い出すためです」

私はレベッカに、彼女の家で、そして一日中赤を活性化《アクティベート》して、彼女が知らず知らずのうちにどこで感情的親密さをブロックしているかを、見てほしかったのです。次のセッションで私は彼女の進歩をチェックしました。

「私はあなたのアドバイス通りやってみることにしました。花の部分は簡単で、赤のビジュアライゼーションは本当に楽しかったです。自分の感情をいつも本当に見て、今週自分がどんな気分でいたかを見てみました。仕事は面白かったです。仕事のとき、あんなに自分が感じることを検閲していたとは、気づいていませんでした。私のオフィスはかなりお硬い環境で、感情を表現することは必ずしも奨励されていません。私は実用的な観点から活動することが快適になってしまったのです。きっと心地よくなりすぎたのかもしれません。妹に話すのは一番気が引けました。これまでずっと、自分の気持ちについて彼女に正直だったことはなかったのです。でも、私はそこで最も多くを学んだと思います。私は彼女を夕食に招待して、私のビジョンボードを彼女に見せました。最初は彼女は私と冗談を言って、それを私の愛のウィジャ・ボード（霊界との交信を行うと一部の人が信じるボード）と呼びました。でもそれからワインを何杯か飲んだ後、真剣に話しました」

「赤ワインも活性化したみたいですね！　どうでしたか？」

「本当に驚きでした。彼女は私が恋愛関係を欲しがっているとは、思ってもいなかったのです。私は彼女にそのことをとくに言ったことはなかったのですが、定期的に話をしていたので、彼女がそれを知っていると思い込んでいたのだと思います。彼女は、私の性格は、初めて会った人にはよそよそしい印象を与える可能性があって、子供のころからそうだったと言いました。私はあなたとのワークについて彼女に話して、彼女と一緒にスピリチュアル・アクティベーションをしてもいいか尋ねました」

「それで、どうなりましたか？」

「ええ、いくつも大きな感情が出てきました。愛は私にとっては傷つきやすい話題です。なぜなら私は本当に恋愛関係を創りたいと思っていながら私は、すでにもう失敗したような気分なのです。妹も私がそれについて話したくないのだと思っていたようです。彼女の思った通りでした。私は若いころ、本当にはデートしたことはありませんでした。そして妹は、私がもう、恋愛関係にあるかどうかを聞くのをやめたほうがいい年齢になったとみなしていました。私は本当に悲しくなって、泣き始めました。私は小さい子供のころ以来、妹や誰の前でも泣いたことなんてなかったと思います」

「それは怖かったでしょう。レベッカ、でも、これは本当にいいことです。あなたは自分の感情にパワフルにアクセスしています。もっと教えてください」

「私たちは、自分のデートへの恐怖について話をして、素晴らしい夜を過ごしました。妹は、彼女と彼女の夫が初めて出会ったときのおかしな話をしてくれました。ワインのせいだったのかもしれませんが、その場で私は結婚仲介サービスに入ってしまい、彼女はそこで私がプロフィールを作るのを手伝ってくれました。私はまだブラインド・デートという考えは好きではありませんでしたが、妹は、それを、けっきょくは私のためになるから収集・整理・選択しているんだと考えるように言ってくれました。それなら、それほど悪くはなさそうです」

私はレベッカをとても誇りに思いました。ルビーレッドのエネルギーはすでに、彼女が自分のハートにアクセスすることを助けていました。私は、彼女が結婚仲介サービスを通しての最初のデート数回で、必ずしも生涯の愛に出会うとは思いませんでしたが、彼女は自分の内面の感情との関係を開くために、数人とデートする必要がありました。彼女の妹がビジョンボードや「この手のニューエイジ風のもの」を信じていないことで、私たちは笑いました。でもこれは、赤のエネルギーが私たちが自分の気持ちを理解するのを助けてくれるということの、完璧な例です。あなたは好きなやり方で、このようにエネルギーと感情の情報にアクセスできるのです。

レベッカの赤の活性化《アクティベーション》は、彼女の妹との関係を改善し、自分自身との関係も改善しました。自分自身を正直に見たとき、彼女は、自分の個性を見せて、もっと感情を表現する必要があることがわかりました。私はこれが最終的に、レベッカが探している愛情あふれる関係に彼女を導いてくれると信じています。私は個人的には、ルビーレッドがエネルギーレベルで、私たちの波動がシフトするのを助けてくれると思っていますが、ほら、私はそのようにニューエイジ風なんです。

ルビーレッドのアクティベーション・ノート

私は自分の感情と健康的な関係を持っているでしょうか？

ハートセンターに細心の注意を払い感情的つながりをチェックしましょう

もし、「感じること」が、私のようにあなたのお気に入りのスペースなら、この色は、あなたの人間関係が感情的にあなたを枯渇させていないかどうかを調べて、それをどう管理するかをみるように促してくれます。私たちは、深く感じることで、〝与えすぎて〟シェアしすぎる傾向があります。ディナーパーティーでは、私は会話を深い方向に向けずにいられません。誰かが私に芽キャベツを渡してくださいと頼んだら、それを渡す前に、私たちはすでに人生の意味について実存的な会話の真っ只中にいるという具合です。これは私のコンフォート・ゾーンですが、他の人をそのような状況に置くことは、必ずしもフェアではありません。ルビーレッドは、そのバランスを見つける助けをしてくれます。

あるとき、私はレストランで友達と彼女の新しいボーイフレンドと会っていました。彼女が化粧室に行き帰ってくるまでに、彼は父親が母親を殺して一生刑務所に入っていることを告白していました。私たちが2人とも涙を浮かべているのを見て、友人は「本当に、ドゥーガル、またなの？」という表情で私を見ました。私はどうしてもそうなってしまうのです。私は感情的なレベルでつながりたいので、人々もそれに反応するのだと思います。ルビーレッドは、そのエネルギーをどのように扱ったらいいのかを教えてくれました。真実は、誰もがいつもそこまで深く行きたいと思っているわけではなく、私にも感情的に骨が折れる可能性があるということです。ルビーレッドは、私が必要なとき自分のハートのエネルギーにアクセスするのを助けてくれますが、私がそれを逃避として使っている場合は、自分を守る方法も見せてくれます。

ルビーレッドを使うときは、ハートセンターに細心の注意を払い、あなたの感情が経験に対しどのように影響しているかに注意してください。ルビーレッドはハートと直接関係しているので、自然と人間の身体のあらゆる部分に触れます。ルビーレッドを活性化《アクティベート》した後、ハートの上に手を置いて、深呼吸をしてみてください。ハートセンターを実際に手で触れることは大切です。こうすると、あなたの感情体につながる助けになるからです。ハートは、鼓動し血を循環させるので、私たちが実際に感じることのできる数少ない臓器の一つです。あなたがこの感情的な色を活性化しているとき、ハートに触れて、ハートに愛あふれた思いやりを送ってください。あなたが感情的なつながりを活性化するとき、あなたのハートにつながって、チェックしてください。感情的なバランスは、幸せな生活を送る上で最も重要な側面の一つです。

ルビーレッドのスピリチュアル・アクティベーション

自分の感情に触れるために、自分の気持ちがどう感じていたかを記録する

私たちは、自分自身の外側に、答え、自分への認証、つながりを探すように方向付けられている社会に住んでいます。様々な専門家が、私たちが健康、家、そして生活を維持するために必要なことをすべて教えてくれます。テレビとソーシャルメディアの間で、自分たちの生活を他人の生活と比較し始めたり、人の人生からエネルギーを得始めたりするのは簡単です。でも、私たちが自分自身で自分の内なる専門家につながろうとすることは、めったにありません。例えば、昨日のことを思い出してください。自分がどう感じているかを知るために、何回自分の感情につながってみましたか？　今度は、あなたが外の世界や他人につながったのは何回かを考えてみましょう。フェイスブック、ニュース、または友人や家族にメッセージを送ること、――雑誌やウェブサイトで見知らぬ人の人生についてのゴシップを読むことでさえ――おそらく、自分自身の幸福の状態をアップデートする前にあなたの前にやって来たでしょう。これらはすべて、あなたが感情的な中心から引き離されている状態です。

ジョディは私のクライアントの一人で、彼女の人生でルビーレッドのエネルギーをバランスさせる方法として、スピリチュアル・アクティベーションを使いました。彼女はロングアイランドの不動産業者で、妹のステファニーと一緒に長年ビジネスをしていました。２人は交代で

オープンハウスを開催し、仕事をシェアしながら、いいビジネスを作りました。始めたころは素晴らしいアイデアでしたが、最近ジョディはストレスを感じてイライラしていました。彼女は繊細でエンパスのエネルギーを持っていて、赤との関係がシャドウ・サイド《影の面》の方に向かい始めているようでした。私は彼女が瞑想を通してスピリチュアル的にルビーレッドを活性化《アクティベート》させ、自分の感情に触れる方法として、自分の気持ちを記録するべきだと思いました。

ジョディとステファニーはとても親密でしたが、かなり異なる性格でした。ジョディは恥ずかしがり屋でのんびりしたタイプでしたが、ステファニーはもっと外交的で意欲的でした。ステファニーが2人の意思決定の多くをする傾向があり、ジョディはただそれを受け入れていました。2人で一緒にビジネスを始めるというアイデアはステファニーのもので、2人で仕事量を分ける便利な方法に見えました。でも、ジョディに子供ができたとき、彼女は自分はフルタイムで家にいたいことに気がつきました。私たちが話していたとき、私はとても親密な姉のタリンを心の中で見ていました。

「ジョディ、仕事をやめたいのなら、なぜやめないのですか？」

「できないんです。今は本当にいろいろ忙しくて。妹は私を必要としています。彼女の気持ちを傷つけたくないんです」

自分も敏感な人間として、私はジョディは妹との感情的なバランスをとる必要があると感じました。私は彼女にスピリチュアル的に赤を活性化して、次のセッションまで彼女がどのように感じていたかを記録するように頼みました。彼女は仕事がとても忙しかったので、私は携帯電話にこれをするためのリマインダーを設定するよう提案しました（次のエクササイズを参照）。次にジョディに会ったとき、私はそれがどのようになったか、知りたくて仕方ありませんでした。

「やれやれだわ、ドゥーガル。携帯が私に『あなたはどう感じていますか？』と聞くようリマインドするたびに、私の答えは『ストレスを感じている』となるか、または同じ感情の何らかの形なんです。私はたいてい家を見せに行くとき、その途上で、急がされていると感じて圧倒されたり、イライラしました。私は自分の仕事が大好きだし、恵まれていることもわかっているけれど、子供と一緒に家にいたいんです」

自分の感情的な状態について定期的に記録をつけることで、ジョディは子供のころから妹の意思決定を受け入れてきたことが見えるようになりました。長年それでうまくいっていましたが、ジョディが自分のニーズを説明して、ステファニーとの感情的なやりとりのバランスをとるときが来たのです。彼女はただ、必要としているものを求めることに慣れていないだけでした。

ステファニーは理解し、ジョディが家でもっと時間を過ごすべきだということに賛成してくれました。彼女は妥協案を求め、ジョディが丸1年休暇を取ることができるように、別のエージェントを雇いました。このようにして、ジョディは自分がそうしたければ仕事に戻れることになり、どんなプレッシャーもありませんでした。ルビーレッドを活性化することで彼女の妹との感情的なやりとりのバランスが取れたので、彼女が望んでいた、子供と一緒に過ごす時間が持てることになりました。

ルビーレッドのスピリチュアル・アクティベーション・エクササイズ：1日少なくとも3回、自分がどんな気持ちかを自分に尋ねましょう

1. このエクササイズを始めるにあたり、自分がどんな気持ちか一日3回自分に尋ねるように、携帯電話にリマインダーを設定してください。これはばかげて見えるかもしれませんが、ここはただ私に調子を合わせてください。自分の感情を評価する習慣を創ることに、大きな知恵があります。

2. スピリチュアル的に赤を活性化《アクティベート》した後、自分の感情の状態を文章で説明してみましょう。これは一日の真っ只中にするので、スピリチュアル・アクティベーションを手短かにしても大丈夫です。質問に答える前に、必ずルビーレッドをビジュアライズし、あなたの全身にグラウンディングさせましょう。あなたの答えの記録を日記に残しておくか、そうしたければ、携帯電話のメモに書き留めてください。あなたの感情を測定することに重点を置くため、「私は～感じます」と各文を書くようにしてください。ここにいくつか例をあげます。

●午前9時：私は仕事で意欲にあふれていると感じています。なぜなら、朝早起きをして走ったからです。運動すると気分がよくなります。——もっとやってみてはどうか

しら？

●午後2時：私は後ろめたいように感じています。新しいアシスタントをランチに誘わなかったからです。私はただ、静かに座って読書をしたかったのです。でも、誰も知っている人がいないとき、どんな気持ちになるかもわかっています。歓迎されていると彼女が感じることができるように、明日ランチに誘います。

●午後10時：私はハッピーに感じています！　アンドレアと会ってお茶をして、お互いどうしていたかを報告し合うのはとても楽しかった。どちらかというと家に帰ってテレビを見たい気分だったのだけれど、何ヶ月も会っていなかったから、会えて本当にうれしいです。

3．様々な状況へのあなたの感情的反応に重点を置きます。自分の感情をチェックする際に、必ずルビーレッドをスピリチュアル的に活性化し続けてください。こうすることで、起こるかもしれない感情の幅に、正確な注意を払うことができるようになります。それらの感情は、人生のどの領域に該当しますか？

1週間このエクササイズを行うのがベストですが、少なくとも3日はしましょう。自分で思ったほど幸せではない、人生のいくつかの領域があるという傾向に気づくかもしれません。また、あなたが完全には受け入れてこなかったかもしれない、本当に深い喜びにつながるかもしれません。

ルビーレッドのユニバーサル・アクティベーション

あらゆる細胞に命をもたらす！　手をハートに置いて数回深呼吸を

あなたがどう感じたかについて、最後に完全に正直だったのはいつですか？　特定の質問に対するあなたの反応が、ロボットのようになったと感じたことはありますか？　私たちの多くにとって、「お元気ですか？」という質問は、質問というよりただの挨拶です。友人があなたが元気か尋ねるかもしれませんが、考える前にあなたは反応して、「元気です。ありがとう」と言っているかもしれません。質問を考える前に、すでにこの答えが舌の上を転がって出てくるかのようです。あなたが錯覚を起こしている可能性はどこにもありませんか？　自分の生活で起こっている感情を開示できるほど十分に心地よさを感じる相手は、人生にほんの少数の限定された存在しかいないと私は信じています。

このアクティベーションの間、赤が見えるのであれば、それは、自分のハートと感情的健康につながるようにというリマインダーです。私がルビーレッドについて愛しているのは、手をハートの上に置くだけで、このエネルギーと簡単につながることができるということです。一日の間にこの色に気がついたら、少し時間を取ってハートの上に手を置いて、ルビーレッドと共に数回深呼吸してください。ハートの筋肉のパワーと強さを感じてください。それはまさに文字通り、あなたの存在のあらゆる細胞に命をもたらしています。あなたは生きていて、つながっていて、深く感じる人です。

ルビーレッドのユニバーサル・アクティベーション・エクササイズ：感情を他の人に委ねるトークセラピーでグラウンディングする

このエクササイズは、あなたが、感情を他の人に委ねることによって、感情をグラウンディングすることを助けます。

あなたの気持ちを正直に他の人とシェアするため、ふさわしい時間を見つけてください。ここでのふさわしいとは、昔からの信頼できる友人と昼食をとりながら、秘密を打ち明けるようなことを意味します。それは、ワクワクする幸せな気持ちかもしれません。またはもしかしたら、悲しい、あなたが持っているネガティブな考えかもしれません。このエクササイズのポイントである、様々な感情の状態を表現して練習をするための、安全な場所を持つことがとても重要です。

このエクササイズの代わりになるものに、トークセラピーがあります。セラピーを受けることは恥ずかしいことではありません。私は個人的には、誰もが人生のある時点で試すべきだと感じています。セラピーは、あなたの感情を表現するための安全な環境を作る、パワフルな例です。優れたセラピストは、あなたのためになっていない感情を表現して解放する、中立的な空間を提供します。

もし、あなたが私のような存在であれば、このエクササイズはあなたにとって、簡単すぎるくらいかもしれません。

ルビーレッドのアファメーション

私は私の感情に健康的なやり方で敬意を表します。

物を使ったルビーレッドのアクティベーション

靴下から化粧品、赤いフルーツなどを使って感情の状態を迅速に測定する

感情的なやりとりのバランスを取ることに取り組んでいるとき、物を使った赤のアクティベーションは、特に私のようにシェアしすぎる傾向がある場合には、便利なツールになります。物を使ったアクティベーション・エクササイズの代わりに、私が個人的にどうやって物を使って赤を活性化《アクティベート》したかを伝えたいと思います。

私はABCネットワークのプロジェクトのために、写真撮影をする予定でした。彼らからメールが来て、プロモーションのために私の写真を何枚か撮りたいということでした。豪華に聞こえますよね？　彼らがくれた住所に車で行く途中、これはかなり小さくてシンプルな仕事だろうと考えました。この機会についてワクワクすると同時に緊張していたので、私は物を使ったアクティベーションのために、赤いアーガイルの靴下をはきました。

自分の写真を撮られることは、私にとって地球上で最も居心地悪いことの一つに違いありません。私はビデオを撮るためにカメラに向かって話すのは全く問題ありませんが、静止画像を撮るとなると、何かが私を完全にフリーズさせます。デイビッドと私は午前9時にスタジオに到着することになっていました。ドアを開けて歩いていくと、私は青ざめました。私たちの右には、飛行機の格納庫の大きさ位に見える、巨大なセットがありました。少なくとも20人の人が動き回り、クリップボードや移動機材を運んでいました。部屋の中央には、高くなった黒の舞台と真っ白の背景のステージがありました。ステージの向かいには、一つが中型車ほどの大きさの一連のライトがありました。彼らはこのあたりでは活動していませんでした。ＡＢＣは様々な撮影中のホストのために丸一日の写真撮影をスケジュールして、その結果、撮影は非常に大規模なプロダクションになっていました。私はあんぐり開いた口を閉じて、すぐにヘアメイクに連れて行かれました。

メイクアップルームから出た後、私は前より少し自信を感じていました。良いメイクとヘアの人たちは、自分のクライアントに自尊心を築かせることについては、驚くほどです。彼らは私に本当に優しくしてくれました。私はフォトグラファーのところへ歩いて行って、簡単に自己紹介しようと思いました。彼はステージの足元に座りカメラを調節していました。忙しそうに見えましたが、彼と絆を創ることは害を与えはしないだろうと私は考えました。彼は、もう十分楽しんだから、今度は暴走族になろうと決めたサンタクロースのように見えました。

「ハーイ、私はドゥーガルです。すごく心配で参ってしまって、きっと1枚目の写真は、『ヘッドライトに照らされて固まった鹿』になりますよ」私は軽いジョークで場を和らげて、同時に自分が写真撮影を恐れていると伝えておきたかったのです。フォトグラファーは一瞬私を凝視して私と握手し、すぐ自分のカメラに目を戻しました。近くにいた彼のアシスタントが私に黒い舞台に上がるように言い、立つ場所を指示しました。バックグラウンドで音楽が鳴り、車のサイズのライトが輝いて私の目に差し込みました。私の左手にいたもう一人のアシスタントが水を勧めてくれたので、もらいました。私は彼とつながって、その瞬間安全だと感じることができたら、と望みました。

「やれやれ、私はこの手のものが嫌いなんです。ここにいると、神経が参ってしまいます」

このコメントは再び沈黙に迎えられましたが、今度はアシスタントが、私をにらみつけて離れて行きました。よく考えてみると、これは、例えば、誰にとってもデイビットのホームメイドのブルーベリーマフィンを勧めるベストの瞬間ではないかもしれません。私は深呼吸をしました。感情がずいぶん高ぶっていると感じることができました。私は赤いアーガイルの靴下を見下ろして、靴下に触れました（カラフルな靴下は、物を使ったアクティベーションで色のエネルギーを取り入れる、私のお気に入りの方法の一つです）。靴下に触れるたびに、私は自分がルビーレッドのエネルギーを吸収しているところをビジュアライズします。

私は外側につながりを探していましたが、でも、内側を見る必要があったのです。実際、私は仕事をするためにここにいて、他の人たちもそうでした。私の神経過敏が、過剰に自分の気持ちをシェアさせていました。感情的な認証を求めていたからです。彼らには、ランチブレイクの前に写真撮影をする必要がある人が、少なくともまだ５人いました。そしてチームは、ただ仕事を終わらせたかったのです。

私はまた、ステージで自分の写真を撮ってもらうのが好きな人もその部屋にいる、という暗黙のメッセージを感じることができました。自分の不安が、感謝知らずの不平不満と受け取られたかもしれないと気づきました。赤い靴下に触れたとき、私の意図はルビーレッドを思い出すことでした。私は自分の感情に敬意を払いますが、そのときは気持ちをシェアするときではありませんでした。後で安全なときに、私は自分の魂のグループのメンバーと経験をシェアすることにしました。

私は手を靴下から離し、ベストを尽くして自信とつながりました。もっと重要なことですが、私は笑って、ただこの瞬間を楽しもうとしました。あまり気難しく考えすぎるほうではないので、笑いが私自身を楽しませてくれました。ある時点で、私はステージの端から端まで「もっともらしく」歩かなくてはなりませんでした。私は、何年もアメリカズ・ネクスト・トップモデルとプロジェクト・ランウェイを見て学んだことをすべて集めました。目力で表情を作り、顔を提供しました。タイラ・バンクスも誇りに思ってくれたでしょう。

その日、後になって、私は姉のタリンに電話して、私が実際に感じた本当のことを伝えました。頰の上の吹き出物、そこにいるには自分は十分ではないと感じる私の部分、そして私が経験した恐怖について話しても、そこは安全でした。

私の赤い靴下は、自分の気持ちを認めるだけでなく、それを広い視野から見ることを思い出させてくれました。

物を使って赤を活性化《アクティベート》すると、自分の感情のセルフケアにフォーカスする助けになります。色の小道具を使ってルビーレッドを活性化し、そのエネルギーが入ってきたとき、自分がどのように反応するかを記録することをお勧めします。いつもよりも感情的になりますか？　楽しい感情を引き起こしますか？　それとも不快感ですか？　どちらにしても、あなたの感情の状態をより迅速に測定する方法を開発すると、長い目で見たとき、自分のニーズを管理するのに役立ちます。

あなたの毎日に取り入れることができる赤の小道具には、次のようなものがあります。

✦**赤いリンゴまたはチェリー**。物を使って赤を活性化するとき、赤いフルーツを食べるのが私は大好きです。赤いフルーツは、目で見て手で触れることができるリマインダーとして、ボウルに入れて飾ることもできます。

✦**化粧品**。赤い口紅やネイルは、一日中赤のエネルギーを取り入れるのに楽しい方法です。

✦**赤の靴下**。私の写真撮影のときと同じように赤い靴下を色の小道具として使って、いつでも自分の感情をチェックできます。

ロマンチックな気持ちやノスタルジックな気持ちを呼び起こすために、古い写真を見るのにも、今は最適なときです。あなたの人生で幸せだったときやそんな瞬間の写真を選んでください。次に赤い紙を用意して、その上に選んだ写真を貼り付けます。赤で囲まれたこのイメージを見ると、あなたの感情のセンターとあなたとのつながりが最大になることを助けてくれます。

ルビーレッドのシャドウ・サイド

神経過敏から無感覚まで、感情が極端に振れている瞬間がある

ルビーレッドのシャドウ・サイド《影の面》は、通常、神経過敏であることによって表されます。でも、それは、表面上だけの無感覚や、または感情とつながっていないように見えて現れることもあります。ルビーレッドは、自分の気分や感情のレベルとのコミュニケーションを発展させることに関連しています。あなたが、どちらの方向であっても、自分が感情を極端に感じている瞬間を見つけたら、そうなるのはあなただけではありません。実際、私たちが人生において赤のシャドウ・サイドを経験するのはよくあることです。気持ちは多くの人々にとって捉えどころのないものであり、私たちは感情的反応を引き起こす可能性のある状況を常に提示されています。

赤のシャドウ・サイドは、あなたへのリマインダーです。あなたの感情を測定し、あなたのハートがバランスが取れたと感じることができるよう、調整するようにと教えてくれます。時には感情的に後退する必要があるかもしれません。〝愛情に飢えている〟と考えられている状

態は、感情的な認証への切望であることもあります。この場合、あなたが持って生まれた感情的知性を無視しているなら、赤はあなたがそれを認識するのを助けてくれます。赤のエネルギーのバランスを取ると、人生でスペースを創ってあなたの感情とつながり、いわば心の重荷を下ろす機会をあなたが持てるように助けてくれます。あなたがそのような機会を見つけることができるよう、ルビーレッドに導いてもらってください。

あなたが感情とつながっていないと感じたら、感情がこもった映画を見るのも、感情エネルギーを活性化《アクティベート》するいい方法です。

第9章

オレンジ

特質：バランスと認識

シャドウ・サイド：不均等な散乱したエネルギー

オレンジは、心理からスピリチュアリティまで、すべてのバランスを表す

オレンジは忙しいときやてんてこ舞いのときに活性化《アクティベート》するといい、優れた色です。何か大きな仕事の真っ只中にいるとき、私たちは目標にすべてのフォーカスを向けているため、自分自身のことをなおざりにしてしまう可能性があります。これは何かを達成しようとするときには全く自然なことです。でもその過程で、全体像を見つけるのが難しくなってしまうことがあります。私たちがやる気を持って何か特定のものに向かっていようと、または人生で疲れ果てたと感じていようと、オレンジは私たちの意識のバランスを崩した側面を均衡に持っていくことを助けてくれます。そうすることでオレンジは、私たちの直感的な感覚を可能な最高レベルにまで引き上げることも助けてくれます。私にとってオレンジは、エッセンシャルオイルが空気中を漂い、柔らかい音楽が流れている、静かな瞑想ルームのように感じられます。それはただ気持ちがいい感じです。あなたがもし人生で自分が散漫だと感じたり、限度を超えて拡大してしまったように感じるならば、オレンジ以外は見ないでください。

仏教は仏教の僧侶が着用するオレンジ色の袈裟《けさ》に見られるように、オレンジ色との最も強い関連性がいくつかあります。仏教徒は、オレンジ色は私たちの魂が最高に進化した状態に達するときの霊的な輝きの色であると考えています。私はオレンジを活性化すると、自分のエネル

ギーが温かさを放つように感じることがよくあるので、この象徴的なイメージが大好きです。僧侶の袈裟の、バランスを取るオレンジ色は、紀元前5世紀に仏陀自身が選んだと言われています。オレンジ色を尊重する他の宗教には、ヒンドゥー教やプロテスタントなどがあります。

儒教（古代中国の主要な宗教）はオレンジを、変質と再生の色と考えました。この哲学によれば、私たちの人生の旅は、私たち全員の中にある陰（女性）と陽（男性）のエネルギーのバランスを見つけることができるかどうかによって決まります。オレンジは私たちの内なるアンバランスを調整して、調和の状態を見つけることを助けてくれる色です。

アートの世界では、オレンジ色は反対色と組み合わせたとき、非常に人気があります。実際、クロード・モネは印象派運動全体に、彼の絵画『印象・日の出』でインスピレーションを与えました。この絵は、輝けるオレンジ色の太陽が青い雲と水に映る（当時は）まれな配置を見せていました。色彩理論を学ぶ学生は、オレンジ色と青は反対色であることを知っています。つまり、キャンバス上で隣同士にこの2色を置くと、両方の色がより鮮やかになるのです。ここに、オレンジが完璧に表現されています。なぜなら、オレンジとワークすると、あなたの人生の他のすべての領域が明るくなるのです。絵画のように、オレンジを使用すると、近くにある他のすべての色が強調されるだけでなく、それらのエネルギーもバランスが取られます。あなたの人生で、オレンジの美しさが、近くにあるすべてを安定させてくれるでしょう。

オレンジ色は、視覚的に、陸上または水上、特に暗い照明の中で最も簡単に認識できる色です。このため、救命ゴムボート、ライフジャケット、建設標識に最適な色です。宇宙飛行士の制服はオレンジ色です。これも、通常、オレンジが宇宙で最も簡単に認識できる色だからです。高速道路の労働者は、オレンジ色を着ると容易に見つけてもらえるので、この色を着用する傾向があります。私は、認識を高めるための灯台として役立つので、オレンジを使用するのが好きです。

オレンジはすべてのもののバランスを表し、最も重要なことは、心理とスピリチュアリティのバランスを強調していることです。私のスピリチュアルな先生の中には、この色がサイキック能力、または直感の色だと言っている人もいます。だから私はこの色に惹かれるのかもしれません。究極の直感は、私たちの人生の様々な要素のバランスが取れているときに最も正確です。私はこのことを、かなり長い間理解していませんでした。

私は、サイキックであるということが、スピリチュアルなつながりの最も高次の形だと思っていましたが、これは必ずしも真実ではないことがわかりました。仕事や他のどんなことにでも、人生のどんな面にでも、それにこだわれば、当然のこととして他の分野を軽視することになります。私は直感は、瞑想と、感情的かつ精神的バランスを見つけることの副産物であると信じています。私たちは高度にサイキックになって、他の人の人生に関する正確な情報を認識することができるようになりますが、真の直感的な知恵は、私たち自身の人生の様々な領域でバランスを見つけることからやって来ます。

私が最初にエネルギーとつながり始めたとき、サイキックであることが私の主なフォーカスでした。私は他の人々にとっていい透視能力者であることに一点集中していましたが、実際に平和、喜び、つながっているという状態で生きるとはどういうことかについて、感情的な目隠しをしていました。私は自分のサイキックの筋肉を訓練しており、確かにその筋肉は成長していましたが、成長が止まり始めたとき、それを感じることができました。成長が止まっただけでなく、私の魂と感情体も疲れ始めました。クライアントと仕事をした後、頭痛がするようになりました。私は自分のエネルギーをどのように管理していいかわからず、私の問題は自分の身体と感情的な状態を無視することから来ているということさえ、さっぱりわかっていませんでした。

それはセルフケアの皮肉な部分です。敏感な人は、しばしば自分のニーズより他人のニーズを大切にします。でも、私たちが内面を見て、自分自身がよくなるために必要なことをすればするほど、他の人に直感を使うことがより上手にできるようになります。私のキャリアは、テキサス州ダラスで10代後半のときに始まりました。当時、私はその地域のプライベート・パーティーに雇われていました。その年齢でそんなことができるなんて、宇宙からの贈り物のように感じていました。1時間に100ドル前後もらえて、設置してもらった小さなカードテーブルに座り、一晩中パーティーで過ごすことができたのです。私は休憩も取らずに、続けてリーディングをしました。

アンバランスな自分の状態を気づかせてくれた自動車事故の警鐘

ある夜、私はダラス郊外の魅力的な地域で開かれた、女性のための誕生日パーティーにいました。

「ドゥーガル、素晴らしかったわ。こんなにエキサイティングなパーティーにしてくれて、ありがとう」とシーラは言いました。

私はシーラが好きでした。彼女は私がしていることを本当に高く評価してくれました。他のパーティーでは、自分が曲芸をする猿になったかのように感じてしまうことも、時々ありました。人々は部屋の隅の「占い師」について笑い、彼らが社交的に交流している間、私は何時間も一人で座っていたものです。私はクリスタルを磨くか、タロットカードをシャッフルして、誰かがこちらに来てリーディングをしてほしいと言ってくるのを待っていました。でも、シーラはとても親切で、いつも私が気持ちよく過ごせるようにしてくれました。

「もう少しいて、何か食べて行きませんか？」。彼女は尋ねました。

「いいえ、結構です。エネルギーとのつながりを切るために、行かなくてはなりません」

これは一部は真実でした。過去にイベントや小さなパーティーで仕事をしたとき、リーディングが終わると、私はいつも帰りたいと思いました。多くのエネルギーを出しきった後、突然社交的なおしゃべりに飛び込むのは、私には少し難題でした。当時のもう一つの現実は、人のいるところで食べるのは私は好きではなかったということです。私はまだカミングアウトしておらず、その時点では自分の体重について恥ずかしいと思い、本当に苦労していました。レストラン、誰かの家、あるいは本当には、公の場所ならどこででも、私は小鳥がついばむように少ししか食べませんでした（身体のイメージに問題がある非常に小さな鳥ですが）。当時私は身長6フィート6インチ（約198㎝）、体重約300ポンド（約136㎏）だったので、これは驚くべきことでした。ですので、私がどこで食べていたのは明らかでした。この問題に直面する代わりに、私は、食べ物がエネルギーを正しくリーディングすることを邪魔すると信じ込んでいました。これはかなりバランスが取れて聞こえますよね？

私は礼儀をわきまえながらシーラのパーティーから帰りました。サイキックがするべきだと思った、できるだけスピリチュアルなさようならをしました。素早く祝福を述べ、ナマステをして、でもその間中、家に帰ってから食べようと思っていたピザのことを思い描いていました。私は自分のターコイズ色のジェッタ・コンバーチブルに飛び乗り、彼女のドライブウェイから立ち去りました。感情的にも肉体的にも自分自身をケアしていなかったので、このバランスを崩していたことが私に影響を与えていました。角を曲がったとき、少し気が散っていたことを思い出します。次の瞬間には、他の車と衝突した衝撃を感じました。

「いったい何――？」。私は、自分のターコイズの馬車のドアを開けながら言いました。

私のエネルギーはすべて歪んでいました。私が車から降りて男のほうに歩いていくと、その男は突然私を殴りました。

「ここは一方通行だ」。彼は静かに言いました。

「そうなんですか？」。私は言いました。

「君は一方通行で間違った方向に走っていた」

私の目は涙でいっぱいになり始めました。この見知らぬ男性は、理想の父親像だったとしか言えません。私にはすぐ、彼には子供がいることがわかりました。彼の子供たちは車に乗ってはいませんでしたが、親にはわかるように、彼には私が取り乱していることがわかりました。

テキサス州の郊外で、同性愛者のサイキックだということは、とくに当時は、完全に安全だと感じることはできませんでした。その地域には、宗教のため、または何らかの理由で、私にいくつかの大きな判断を持った人々が間違いなくいました。それだけではなく、私はターコイズの車を運転しているとき、誰かにぶつかってしまったのです。しかも私の車の後部座席には、「サイキック、チャネル、カードリーダー」と大きな字で書いたポップアップサインが置いてありました。この瞬間は私が泣き始めるのにベストではなかったかもしれませんが、でもまさにそれが起こったのです。

「車の保険に入っていないんです」。私には、これしか言葉になりませんでした。

「オーケー、わかったよ。落ち着いて。深呼吸をして」。彼は言いました。「君は何歳なんだ？」。

「19歳です」

19歳で自動車保険に入るということは、私にとっては大きな金銭的コミットメントでした。

その年は私が初めて単独飛行をした年でした。つまり、実家から出て独立し、家族からの助けはもうありませんでした。人生のこの時点で、私は自分の財政をどのように計画するかなど、全くわかっていませんでした。そして、自分が先々使用する「かもしれない」ものに対して毎月600ドルの支払いをすることは、避けるべき費用（その考えは完全に理にかなったもの）のように見えました。

しかしながらこれは、物事がこんな風に展開するなんて、私はなんてラッキーなんだ、と感じる人生の瞬間の一つとなりました。私はあまりに気が散っていたので、この男性に、大丈夫ですかとか怪我《けが》はなかったですかとか、尋ねることさえ思いつきませんでした。それどころか、彼は親切に、計画を考えようと言いました。私たちは情報交換をして、翌週には支払い計画を立てました。私たちは警察には電話せず、保険会社も入れませんでした。彼は私に大きな信頼を置いてくれたので、私はダメージに対して彼に絶対に支払うと強く決心し、支払いをしました。

あの事故は、非常に多くのレベルでの警鐘でした。私はこれらのスピリチュアルな幻想の背後に自分が隠れていることを理解しました。私は、サイキックなエネルギーにアクセスして非常に多くの時間を費やしていたため、自分の人生の他の領域が完全にバランスを失っていたのです。私の財政状況は混乱していました。自分の肉体的健康を完全に無視していました。そして今では、自分の行動が他人を傷つける可能性がありました。何かが変わらなくてはなりませんでした。

神聖な羅針盤としてオレンジを！　スピリチュアルな平衡状態に活かす

オレンジを活性化《アクティベート》し始めたとき、私が自分自身を無視していた領域で、バランスの必要性が強調されました。この色はバランスがよく取れた人のまわりに私が見てきた色で、バランスは私がもっと欲しかったクオリティです。このことを念頭に置いて、私は自分でオレンジ色を活性化して実験してみました。それは磁石のように、自分の意識の他の側面を知って捜し出したいという欲望を、私から引き出したものです。

私はスピリチュアルな平衡状態を見つけるために、オレンジを私の神聖な羅針盤として、定期的に使うことを決めました。奇妙なことに、私が接触事故のために作った支払いは、もっと自分のケアをよくする必要があると、定期的に知らせてくれるリマインダーになっていました。最初は小さな変化を創りました。外で一日に15分歩き始め、自分の食べ物の選択にもっと細心の注意を払い始めました。リーディングの前に自分のお腹を空かせて、後でジャンクフードを食べすぎる代わりに、新鮮な食べ物を妥当な1人前の量食べるようにしました。健康的な食べ物を摂取すると気分が良くなりましたが、私はヴィーガンになったり、ローフードだけを食べるようにはなりませんでした。過激な変更を行うのではなく、バランスを私の意識の最前線に昇格させせました。

人生の一つの領域が、ある特定の瞬間に支配的になることもあり、それで大丈夫なのだと知ることは重要です。例えば、あなたが恋に落ちたと想像してみてください。それまで一緒にたくさんの時間を過ごしてきた友達は、突然あなたの優先順位では後部座席に移るでしょう。あなたはおそらく、この芽を出しかけた関係に余分な時間を投資します。あなたたち2人の魂が結びつきを創る間、仕事をずる休みしたり、学校を休むかもしれません。このプロセスの一部には、外の世界から幾分退くことも含まれます。時間が経つにつれて、関係の土台が強くなり成長し始めます。ひとたび統合すれば、あなたの友人、仕事、または家族と再びつながるときが来たことに気づくでしょう。あなたは永遠に冬眠モードに留まることはできません。さもなければ、あなたの人生の他の領域でバランスが崩れるでしょう。

新しい恋のときのように、この原則はあなたのキャリアにも当てはまります。あなたが職場で非常に意欲的であり、ちょうど昇進したとしましょう。積極的なエネルギーが急増し、あなたは仕事にもっとフォーカスして、他のすべてのことよりも仕事を優先させるでしょう。あなたの友人や家族はあなたのハードワークをサポートしてくれて、あなたがすべてを仕事に注ぎ込むのを見て喜んでくれるとしましょう。でも、あなたが人生の他の面をすべて無視すれば、あなたの人間関係に犠牲を強いることになり始めるでしょう。

そうです、人生の一つの領域が私たちをリードして、一時的に優位になることもありますと、オレンジの光は私たちに教えてくれます。でも、真の認識をもたらすようなバランスを達成するためには、自分自身を中心に置き直し、人生の残りの部分との関わりのレベルを維持しなければなりません。

オレンジのアクティベーション・ノート

私の人生のどの要素がバランスを失っているのでしょうか?

意識の肉体的、感情的、スピリチュアル的な部分につながる助けになる

オレンジは心理とスピリチュアリティの組み合わせであるため、オレンジを活性化《アクティベート》することは、通常、簡単でかつ自然な流れです。ルビーレッドでは、フォーカスは感情体にアクセスすることにありました。でもオレンジでは、感情よりも深いレベルにアクセスしています。そして、それは直感です。直感は、瞑想と健康的なスピリチュアルなプラクティスの副産物であり、バランスの取れた生活の結果でもあります。私たちの人生が調和すればするほど、人生における最良の選択肢を直感で理解することが容易になります。

一部の学生が、オレンジを活性化したときかすかなめまいがしたと報告していることに留意してください。個人的にはこれは、私たちの存在のすべての部分を、より親密なレベルで感じている結果だと思います。オレンジは、意識の肉体的、感情的、スピリチュアル的な部分に私たちがつながることを助けてくれます。また、それだけでなく、これらの領域がすべてどのように共存しているかを、私たちが見て感じることを可能にしてくれるのです。

オレンジのスピリチュアル・アクティベーション

オレンジは、エネルギーがどのように相互作用しているかを教えてくれる

バランスは非常に幅広い用語であり、私は、誰一人として常にバランスが取れた状態で生きている人はいないと思います。人生の旅を進むとき、私たちは自分たちのエネルギーの様々な面を表面化させる、異なった問題に直面します。人生の一部が他の部分よりも注意を要する瞬間がありますが、バランスを取ることは、私たちの人生の他の領域について、投げやりにしないということに関するすべてです。完全に統合された存在であるためには、私たちは人生のあらゆる側面に関与しなければなりません。

オレンジのエネルギーを活性化すると、オレンジの光は、私たちが意識のあらゆる側面をチェックすることを助け、深い熟考をもたらしてくれます。使う色ごとに、私たちは自分という存在の一部を拡大します。**ゴールドで実践的な思考を可能にすることに始まり、ルビーでハートと感情を結びつけるまで、それぞれの色を使って私たちは活用したいエネルギーのボリュームを上げます。オレンジは私たちに、自分たちの人生の鳥瞰図を見て、これらの部分すべてがどのように相互作用しているかという視点を得る機会を与えてくれます。**

オレンジのスピリチュアル・アクティベーション・エクササイズ：あなたの理想的な一日をデザインしましょう

オレンジを使ってスピリチュアル・アクティベーションをすることで私が好きなのは、ペースを落として、瞑想のように行う必要があるというところです。オレンジはバランスを見つけることを助けてくれるので、スピリチュアル・アクティベーションは、特に役に立ちます。目を閉じて、身体を通してオレンジのエネルギーをグラウンディングさせることそのものが、自然にバランスを取って落ち着かせてくれます。

オレンジを使ったこのエクササイズは、私たちが自分のエネルギーのバランスをとり、管理することを助けてくれます。私たちには皆、すべての物事が自分たちの望み通りに進んでいるように見えた、あの理想的な日があったと思います。ここでの目標は、その日を一からデザインすることです。オレンジのエネルギーは、人生でエクスタシーの高みを経験することには関係していません。それは、成長して、ハッピーな禅の媒体になることに関係しているのです。

理想の日とは、宝くじに当たった日や、あなたの結婚式の日、またはあなたの子供が生まれた日ではありません。このようなことは信じられないくらいの、魔法のような経験ですが、アドレナリンとエネルギーが急激に増えることにもなります。これらは一生に一度の出来事です。理想的なオレンジの日は、現在のあなたの人生を反映する、バランスの取れた、楽しい、いつものありふれた日です。例えば、あなたが海の近くに住んでいなくて、午後4時に子供たちを学校にお迎えに行く必要があるなら、あなたの理想の日には、ビーチでのサンセットヨガは入れるべきではありません。

私の理想の一日は、いつも熱いコーヒーと朝の一人で過ごすひとときで始まります。朝5時に家を出なければならないときも、出かける1時間前に起きて、静かに自分自身とつながります。朝の静かな時間は神聖で、私のバランス感覚にとって重要です。あなたが朝ベッドから飛び出すタイプなら、あなたの完璧な一日は、早朝の散歩のような、何か生産的なものから始まるかもしれません。

1. あなたの完璧な一日を想像してください。オレンジをスピリチュアル的に活性化《アクティベート》した後、このエクササイズのあなたの目標は、あなたのエネルギーを落ち着かせて再び集中させることです。そうすることで、バランスの取れたスピリチュアルなところから、この完璧な一日をビジュアライズすることができます。あなたの一日を綿密に計画する前に、ゆっくりと身体を通してオレンジのエネルギーをグラウンディングしましょう。ストレスがあるときには、何が本当に重要で、どこでもっと努力する必要があるかを思い起こすのは難しいかもしれません。スピリチュアル的にオレンジを活性化すると、あなたにとって満足のいく日は何が必要なのかを、より簡単に見ることができるようになります。

2. あなたの完璧な一日の詳細を紙にリストしてください。このエクササイズを簡単にするために、あなたの現在の平均的な日を参考に見てみましょう。うまくいっていることとうまくいっていないことは何ですか？　もし、欠けていると感じる要素があれば、それらをあなたの完璧な一日に組み入れましょう。これは、あなたがバランスが取れていると感じ、幸せだと感じるような日でなければなりません。この一日は、あなたが犬をベッドで抱きしめることから始まるでしょうか？　または、裏庭でガーデニングをするかもしれません。この日はあなたが幸せで、何度も何度も送りたいと思うような一日でなくてはなりません。例えば、じっくり考えるために早起きして、日の出を見るかもしれません。あなたは（おそらく瞑想を通して）自分とつながり、その日のために準備をする十分な時間があるでしょう。あなたの髪は思い通りになり、あなたの好きなシャツは完璧にフィットします。仕事では、同僚たちから称賛されていると感じ、創造性を駆り立てられます。ベッドにもぐり込むころまでに、達成感、平和、満足を感じているでしょう。もう一度言いますが、この日の詳細は、あなたとあなたがバランスを得るために必要なものによって決めます。

3．あなたの完璧な日から少なくとも一つのことを、あなたの現在の生活に取り入れることにコミットしましょう。リストを手元に置いて、オレンジを活性化《アクティベート》するたびに、あなたの完璧な日を思い出してください。

注：時間をかけてあなたの一日の台本を作成してください。あなたの台本のキーワードはバランスです。一日を食事と考えてください。食事の一部分にあまりにも多くの注意を集中させると、不釣り合いに感じることがあるでしょう。最高に素晴らしい自家製クラン

ベリーソースを作っても、それしかお皿に乗っていなかったら、あなたは最終的には不満足に感じるでしょう。

オレンジのユニバーサル・アクティベーション

オレンジが見えたら自分自身に質問してチェックすること

オレンジは、秋にエネルギーを引き出す、私のお気に入りの色の一つです。美しいオレンジ色の葉に始まり、どの玄関口にもあるかぼちゃまで、いろいろな所から引き出せます。また、朝は太陽が昇り、暖かいオレンジの色合いをもたらしてくれます。そして、サンセットのたびに、私はオレンジの、時を超えたバランスを再び思い出します。あなたがどこにいても、オレンジ色が見えたら、自分自身に質問してください。

- 私の人生でバランスが取れていないのはどこですか？
- 私は自分の中心と一致していると感じているでしょうか？　自分の人生が欠けるものなく完全だと感じさせてくれる領域に、注意を向けているでしょうか？　それとも、多くのエネルギーが、一つのことに取られすぎていますか？

あまりにも多くのリーディング・セッションと、適切に食べていないことが接触事故につながったという私の話のように、私たちがバランスを失ったとき、宇宙は私たちに自分自身をケアするように思い出させてくれるでしょう。

オレンジのユニバーサル・アクティベーション・エクササイズ：オレンジを見せる宇宙と対話しながら、1週間のスパンで生きる

自己啓発の世界では、今この瞬間を生きるように努力しなければならないと、よく言われます。今この瞬間を生きるというと、理論的には素晴らしく聞こえますが、私は実際に常に今この瞬間に生きている人と話をしてみたいと思います。私のクライアントから見えたことですが、私たちの大部分は未来に焦点を当てているか、または過去から学ぼうとしています。そして、今にとどまるのはかなり難しいことです。オレンジは、どんな瞬間にでも、自分はどのくらい今に存在しているかを見ることを助けてくれます。

私には新しいマントラがあります。それは、1週間を生きるです。おそらく、仕事で未来を覗《のぞ》くことがあるため、私は常に先のことを考えていると思います。それでも私は、今に存在するということが、バランス感覚にとって重要であることを知っています。1週間を生きると、私は短期的な未来に何があるか認識することができ、次に、もっと今に存在することができるようになります。

オレンジを見たら、いつでもそれは、あなたがどれくらいその瞬間に存在しているかを、宇宙が尋ねているのです。オレンジのエネルギーでユニバーサル・アクティベーションをして、

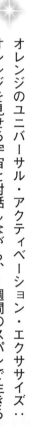

あなたがどこでもっと今に存在することができるのかを、示してもらいましょう。あなたの意識が完全に現在の瞬間にいるのを助けてくれることを一つ、その日にしてください。身体を使った活動は、あなたが今現在にグラウンディングするのにしばしば役立ちます。ハイキングなど、どんな種類の運動でもいいでしょう。マインドフルネス瞑想も、現在の瞬間にいるために非常に役に立ちます。

1週間を生きることができれば、私はスピリチュアルなロックスターのような気分になります。7日間のスパンで活動すれば、バランスを見つけるのに助かります。火曜日にジムや瞑想に行けなくても、水曜日に行けば追いつくことができます。大したことではありません。おそらく、ある日は書くことに集中し、次の日にはデイビッドと私は仕事をしないで一緒にファミリーデーを過ごすこともできます。私が伝えたいのは、バランスを見つける、ということについてです。私たちのほとんどがそうであるように、私も家族、仕事、友人、趣味、そして私がなんとかやり繰りしている、他の様々な人生の側面があります。今この瞬間に生きるということは、今日は検討すべき課題にはないかもしれませんが、それでいいのです。あなたの完璧な一日とあなたの平均的な日を比較すれば、よりバランスの取れた充足感を見つけるために、調整を始めることができます。

オレンジのアファメーション

私はバランスのとれた直感的エネルギーを持っています。

物を使ったオレンジのアクティベーション

オレンジの小道具を使って現在の意識にグラウンディングする

物を使ったアクティベーションは、ストレスの多いときやとても忙しいときに非常に役に立ちます。オレンジ色の小道具に触れると、私たちを現在の瞬間にグラウンディングさせてくれる、付加的な効果があるからです。その瞬間身体を使って何かに関わると、今に存在することがより簡単になります。時々私は何人もの人を丸一日リーディングしますが、その後自分のエネルギーを再びバランスし直すことが、私は好きです。私が使うテクニックの一つは、オフィスにある何かに触れ、それが何かを声に出して言うことです。例えば、私は机の上のオレンジ色の花瓶に触れ、「これは花瓶です」と言うかもしれません。これは、自分の身体を使って現在の意識にグラウンディングする、とてもシンプルなテクニックです。

あなたの毎日に取り入れることができるオレンジ色の小道具には、次のようなものがあります。

✦**乾燥した葉。**私は個人的には、秋の色と自然界に見られるオレンジの様々な色合いが大好きです。あなたの家にこのエネルギーをいくらか持って来るためには、オレンジ色の葉を集めて乾燥させてください。そうすれば、一年中飾っておくことができます。

✦**ターメリック（ウコン）。**乾燥したターメリックと新鮮なターメリックは、ともに鮮やかなオレンジの色合いをしており、食事に取り入れることができます。バランスを取るオレンジのエネルギーを提供してくれること以外に、ターメリックはあらゆる種類の炎症を軽減し、免疫システムのバランスを回復するのにも優れています。

✦**オレンジ。**オレンジのエネルギーでワークしているときの私の好きな色の小道具の一つは、新鮮なオレンジやタンジジェロです。私はそれらをボウルに入れて、リビングルームやキッチンに置きます。オレンジや小さいみかんは、このバランスを取ってくれるエネルギーを視覚的に思い出させてくれるだけでなく、触れると爽快な香りを放ちます。私にとってオレンジの香りは、色の小道具としてのオレンジの使い方に、もう一つの感覚を加えてくれます。オレンジとイランイランのエッセンシャルオイルを、リラックスしてバランスにフォーカスするためのリマインダーとして焚くことも私は好きです。オレンジ色はバランスを優先させるきっかけになるだけでなく、その香りは私の家に清潔で新鮮な秩序の感覚を創り出します。

✦**にんじん。**にんじんは健康的な食べ物であることに加えて、自然界のオレンジ色の中でも最も鮮やかな色合いを持っています。

物を使ったオレンジのアクティベーション・エクササイズ：木の葉など自然を通して活性化する方法

私はこのエクササイズを、木の葉が色を変える秋にするのがお気に入りですが、自然を通してオレンジを活性化《アクティベート》する方法は、たくさんあります。

1. 自然の美しさを探索できる屋外の場所を見つけてください。例えば森林や公園などです。あたりを歩きながらオレンジのパワーを呼び出し、自分のエネルギーを中心に集めるという意図を設定します。

2. 家に持ち帰ることのできる、オレンジ色のものを見つけましょう。例としては、石、木、または木の葉があります。木の葉が色を変える地域にあなたが住んでいるのなら、その季節に豪華なオレンジ色の葉を集める素晴らしい機会があります。何かを見つけたら、あなたのスピリットの中でこのオレンジのエネルギーを確認したことに対して宇宙に感謝してください。

3. このエクササイズを楽しむには、次の方法もあります。

● オレンジ色の小道具を持って自然の中に行き、そこで歩き回るときに小道具に触れてください。

● オレンジ色のものを見つけたけれど家に持ち帰りたくない場合は、リマインダーとして写真を撮りましょう。そして、そのバランスの取れたエネルギーが、どのようにあなたの環境にその美しさをもたらしてくれるかを思い描きましょう。

オレンジのシャドウ・サイド

エネルギーが不均等で散乱し、圧倒されたように感じている

オレンジのシャドウ・サイド《影の面》は、不均等または散乱したエネルギーとして目撃されます。これは、約束の時間に間に合うことに苦労する、というような問題につながります。家や職場で、物を置いた場所を忘れて、見つけることが難しいかもしれません。もしあなたがオレンジのシャドウ・サイドに傾いているとわかった場合は、あなたの理想の一日のあらましを書くと、あなたの内なるバランスの鍵が開き、認識が高まるための貴重な地図として役立ってくれるでしょう。あなたのエネルギーが散乱していたり不均等な場合、人生のいくつかの要素が、あなたのフォーカスを奪いすぎています。あなたは何かに過度のコミットをしているか、または自分の中心を尊重することに完全にコミットしていないのかもしれません。

オレンジの光を活性化《アクティベート》すると、まず最初に、人生のどの部分が現在舵を取っているかが、あなたに明らかになります。もしあなたがオレンジのシャドウ・サイドで苦労しているのであれば、自分が必要としているバランスを創る時間がなくて、圧倒されたように感じているのかもしれないと気づいてください。でもこれは、私たちを散乱したエネルギーに留めるための、マインドのやり方だと私は思っています。最も忙しい人でさえ、自分のエネルギーをバランスさ

せるために使うことのできる時間は一日の中にあります。テレビを見たり、自由時間はスマートフォンをしているならば、自分の人生の他の要素のバランスを取る時間はあるのです。

この気づきには、何の判断も入っていません。セッションでは、私はしばしばその人のいる局面を説明します。キャリアの局面、人間関係の局面、家族の局面、またはセルフケアの局面があります。どの局面にしても、あなたがいるとわかった局面が、現在あなたの思考の舵を取っていて、あなたのエネルギーレベルの中心になっています。オレンジを拡大してオレンジとワークすると、バランスと幸せの感覚を創り出すために、自分の人生の他の部分もケアをして、すべてに関わることを思い出させてくれます。

第10章

ピンク

特質：完全であることと無条件の愛

シャドウ・サイド：自己批判／他者への判断

ピンクは、無条件の愛が形となったもので鎮静効果ももたらす

燦然と輝くピンクの光は、自己批判的な人につける薬であり、完全であることと無条件の愛が形となったものです。ピンクは、しばしば新生児のまわりに見られる、温かくて愛情あふれるエネルギーを放っています。あなたが眠っている赤ちゃんを抱っこしたことがあるならば、赤ちゃんの持つ、平和に満ちたピンクのエネルギーで、おそらく穏やかな気持ちになったでしょう。これは、新生児はまだ、私たちの多くが生きる過程で取り入れてしまう制限的な考えや信念を、どれもまだ学んでいないからです。これから見ていきますが、よりシンプルで批判の少ない考え方に帰ることは可能です。ピンクとワークすると、神や宇宙が私たちを創造したように自分自身を見ることを助けてくれます。つまりそれは、完全なる自分です。

ピンクの、愛情あふれるエネルギーとの関連は、科学的な方法でも直感的な方法でも観察することができます。家の設計において風水は、私たちの言動を優しくなだめる効果があるため、特にピンクを活用しています。風水のプラクティショナー（実践者）は、ピンクを家の南西の場所に使います。ピンクもこの方角も、愛と結婚のエネルギーに結びついているからです。自然界では、ピンクは花の最も一般的な色の一つです。その色は昆虫や鳥を惹きつけ、授粉を通して植物を育て、捕食者を阻止することも示されています。鳥や蜂でさえも、温かく愛情のあ

るピンクのエネルギーに自然に惹かれます！　私の直感的な経験では、ピンクは私たちがより愛情のあるエネルギーを実現することを助けてくれます。

ヨーロッパやアメリカでの数多くの研究で、ピンクは礼儀正しく、養育的で、愛情にあふれ、ロマンチックであることに関連付けられていることが広く示されています。米国ワシントン州タコマにあるアメリカン・インスティチュート・フォー・バイオソーシャル・アンド・メディカル・リサーチの所長であるアレキサンダー・シャウス博士の魅力的な実験で、ピンクの力が科学的に検証されました。シャウス博士は、血圧と脈拍数への色の影響を研究し、ピンクの特定の色合いが暴力犯罪者の行動を変える力を持っているのではないかと思いました。彼は、海軍更生施設の特定の刑務所の独房の内壁を、ベイカー・ミラーピンクと呼ばれる色で塗装した場合に、何が起こるかを研究しました。目的は、囚人がどのように反応するか発見することでしたが、驚くべき結果が出ました。彼らの攻撃的な感情の爆発と暴力的な行動は、温かく養育的なこの色に反応して著しく減少したと報告されました。[6]　他の研究では、生体測定の反応と行動へのピンクの鎮静効果は、わずか15分間色に触れるだけで達成されると測定されました。[7]

自らの欠陥と自己批判に終始していたときに学んだレッスン

ピンクは、私が人生で特に自己批判的だったときに私のところへやって来ました。私は10代のころ体重で苦労していて、18歳になるまでに、ほぼ100ポンド（約45kg）多く太りすぎていました。これからお伝えする話での自分の行動は、誇りに思っているわけではありませんが、そこで私が学んだレッスンは、自己愛を高めたいときはピンクのエネルギーが頼りになるということです。それ以来私を力づけてくれています。

私のピンクとの物語は、私が20歳のとき、ダラスの爽《さわ》やかな秋の日に始まりました。友人のジェレミーと私は、午後、ランチとショッピングに行くために私のフォルクスワーゲン・カブリオレに飛び乗りました。ジェレミーは私には魅惑的でした。ブロンドで、ウィットに富んでいて、信じられないほど元気で、彼はハリウッドの同性愛者の親友の典型でした。ジェレミーの装いは非の打ちどころがなく、いつもラルフ・ローレンの写真撮影から帰ってきたばかりのように見えました。私は彼と一緒にいるときはいつも自分は十分ではないと感じ、彼に比べてあまりにも不恰好《ぶかっこう》な自分に対して、非常に批判的でした。

「うえっ、もう少なくとも1ヶ月はワークアウトしていないよ！」。ジェレミーはホールフーズでのランチ中に、自分の完全に平らな腹部をつまんでぶつぶつ言いました。

「1ヶ月だって！　へぇ、僕は1週間に5日、トレーナーと一緒に1時間半ワークアウトしているんだよ。君と同じくらい痩せていたらいいのにな」

「あぁ、ステロイドをやったからだよ」

彼がそう言ったとき、私はわさび入りツナサラダをほとんど吐き出すところでした。それはひどいとしか言いようがありませんでした！　まるで、彼の歯はどうしたらそんなに白くなったのかを話していたら、「あぁ、僕の輝く白い歯が好き？　すごく簡単だよ。ちょっとクラックを吸っただけさ！」と言われたかのようでした。

私は昔ながらの自然なやり方で体重を減らそうと丸2年間費やしていました。食生活を変えました（毎日ランチに卵ロールを食べることは、素晴らしい考えではないとわかりました）。私は運動とウェイトリフティングを定期的にしていました。でも、体重をたくさん減らした人は誰でも知っていると思いますが、そこらじゅうにストレッチマークが残ってしまいます。最近は、私はストレッチマークを名誉のしるしと見ていますが、そのころはそうは思えませんでした。健康になりつつあることを祝福する代わりに、私はストレッチマークを見るたびに、自分の「欠陥」にフォーカスしていただけでした。私はピンクのエネルギーからあれほど遠くに離れていたことはなく、むしろ、そのシャドウ・サイド《影の面》に浸っていました。そのため、あでやかな友人とほんの短い会話を交わしただけで、突然自分自身にステロイド剤を注射する気になったのです。そうすれば、自信を感じて、自分は愛される存在だと感じることができるようになると願っていました。

「私は私のままで完全」ピンクの光とともに教えてくれたハイヤーセルフ

私は結局ステロイドを2サイクルするために600ドル（またはダックソースの卵ロールを

300個相当分）支払うことになりました。自分のアパートに戻って一人ソファに座り、太ももに注射しました。ほとんどすぐさま、私のハートが恥の渦の中にどんどん沈んでいくのを感じました。目を閉じて数回深く浄化の呼吸をすると、突然私のハイヤーセルフにはっきり気づきました。心の目で、自分の頭のまわりをピンクの光の巨大な渦が回っているのが見えました。

この瞬間、意図したわけではありませんが、私はスピリチュアル的にピンクを活性化《アクティベート》し、自分の身体を通してそのエネルギーをグラウンディングしていました。これが何を意味するのか考えることさえできないまま、私の中で涙が湧き上がってきました。

何をしているの？　私の頭の中で、愛情深くて何の批判も判断もしない声が尋ねました。その声は、私の意識の最も高尚なバージョンが表面に浮かんできたかのようでした。

私は何をしていたのでしょう？　私はスピリチュアルなアドバイスをするキャリアを始めたばかりでした。自己愛を統合するためのクラスとワークショップも教えていました。それなのに、私はここで、人生において、無条件に愛することから一番遠い瞬間を過ごしていたのです。呼吸をするたびに、ピンクの光は大きく明るくなっていきました。なぜ私にピンクが見えているのか、ハイヤーセルフに尋ねました。やって来たメッセージは、**あなたは何も変える必要はありません。あなたはあなたのままで完全です。**

私の意見では、私たち全員が、本来ハイヤーセルフと共にこの惑星にやってきます。ハイヤーセルフは、純粋な知恵と絶対的な愛である、私たちの存在の一部です。ハイヤーセルフを、私たちの意識の最高のバージョン、源につながっている、私たちの一部と考えてください。

日々のストレス、恐れ、そして私たちのエゴが、ハイヤーセルフとつながることを難しくする可能性があります。でも、瞑想、運動、またはセラピーを通してマインドを静めると、この知恵につながることが、ずっと簡単になります。特に瞑想は、外の「騒音」を静めるのに役立ち、自分たちの本当の利益になるメッセージを受け取ることを可能にしてくれます。私はあの日、瞑想的なスピリチュアル・アクティベーションをしたのですが、メッセージは大きな声ではっきり聞こえました。

私は注射器の袋をつかみ、ごみ箱まで歩いていって、袋ごと全部ごみ箱へ捨てました。その後しばらく、私は自分の魂のグループにサポートを求めました。私はジェレミーのことをそんなに尊敬するのをやめて、取り組む必要のある自分自身の問題を持っている友人として彼を見るように肝に銘じました。私は自分の自尊心を高めるのを助け、どんなメッセージが来るかを見るために、毎日ピンクを活性化させ始めました。自分の直感だけに囲まれて、ピンクのメッセージは完全にはっきりしていました。**私は私のままで完全**です。確かに、私は未完成だったし、これからもいつも改善の余地があるでしょう。でも何よりも、私は正真正銘の本当の私になりたかったのです。皮肉なことに、最終的にはあのステロイドは、もしかすると私が今までに人生のレッスンに費やした、最高の600ドルだったのかもしれません。

ピンクの光は魔法のように私たちの自己批判を消すわけではありませんが、代わりに、**無条件に自分自身を愛することに焦点を合わせるように**と、私たちに勧めます。外の世界に、自分を認めてもらっている感覚を探す代わりに、ピンクは私たちに、自分自身を愛して認めることによって、受け入れられたいという私たちの渇きを癒やすようにと教えています。これをして初めて、私たちは自分たちの、真実で生まれながらの完全さを見ることができるのです。

ピンクの蓮の花は、大仏自身に関連しているため、仏教において最も重要な象徴的イメージの一つです。ピンクの蓮の花は、私たちのエゴの原始的な「泥」から、進化する霊性の水を通り、悟りの愛にあふれた日差しに達するまでの、私たちの魂の進化を表します。この花は、汚れた泥だらけの状態で生き残るだけでなく、花開き、繁栄することも成し遂げます。

蓮の花と同じように、私たちは自己批判の泥から脱出しようとする必要はありません。代わりに、ピンクは私たちに自己批判をしていることを認めるのを可能にし、自分たちの人生のどこにもっと愛が必要かを示してくれます。ピンクは、新しい視点を与えることで私たちに恩恵を与え、それ以上の自己批判を超えて成長しようという気持ちにさせてくれるのです。真実は、いつでも、私たちのほとんどが、時に自己批判を感じるということです。ピンクはただ、無条件に私たちを愛している、親切な内なる声のボリュームを上げるのです。

ピンクのアクティベーション・ノート

私は自分の本来の完全さを尊重しているでしょうか？

自己批判の火傷を中和するのに役立つピンクのパワー

ピンクは、私たちの自己批判の火傷《やけど》を中和するのに役立つ、癒やしの香油です。私たちは、全く良くない、という感覚を助長する傾向がある社会に住んでいます。だからこそ、ピンクがとても役に立ちます。外見、お金、社会的地位、またはキャリアの願望など、それがどの分野であろうと、ピンクは自分をまわりの人たちと批判的に比べる衝動を静めることを助けてくれます。

雑誌やコマーシャルの、エアブラシで描いた「完全」に見えるモデルや有名人のイメージで、私たちは定期的に砲撃を受けています。ソーシャルメディアの激増は、これをさらに顕著に広げただけです。現代社会は、自分を他人と比較する、終わりのない機会であふれています。子供時代の友人、大学の友人、親戚、同僚、そして完全に知らない人まで、喜んで彼らの素晴らしい生活をみせびらかすか、または少なくとも、あなたに見てほしいと思っている彼らの生活の一面を誇示します。

ピンクの光であなたは、あなた自身の個人的な完全さに敬意を表し、自分をそれに同調させるようにといざなわれています。ビジュアライゼーションや次のエクササイズでピンクを活性化《アクティベーション》するとき、あなたは自分を誰かと比較する必要はなく、自分のことで何も悪く感じなくてもいいのです。そこにいるのは、あなただけです。そしてあなたは、あなたの旅の途上で、まさに今いるべきところにいるのです。

私たち一人一人が、エネルギーのユニークな表現です。あなたは、雪の結晶に同じものは2つとないと聞いたことがあると思いますが、魂のエネルギーも同じです。ピンクを使って、私たちは時間をとり、自分自身を愛し、自分たちの個性を認めます。

ピンクを使うと、あなたは自信の高まりを感じることが期待できます。あなたがピンクと瞑想すると、人々はあなたを褒めて、彼らの人生や世界にあなたがもたらすものを「無作為に」指摘するかもしれません。**それらの称賛を快く受け入れてください。**ありがとうと言い、あなたに向けられている愛に感謝してください。あなた自身が見られて、感謝されることを自分に許可してください。

あなたが過度に自己批判的な傾向がある場合、ピンクを最初に使い始めたとき、自己批判が急上昇したと感じるかもしれません。これは単なる、ネガティブなエネルギーの浄化です。ジュース・クレンズのように、あなたの意識が毒のある自己批判を解放するとき、最初は不快な期間があるかもしれません。マインドは、魂がすでに知っていることに反論しようと、多くの時間を費やします。魂はすでに知っています。あなたはあなたのままで完全です。

ピンクのスピリチュアル・アクティベーション

あなたは愛を受けるに値する！　その真実にゆだねてピンクを使いましょう

スピリチュアル的にピンクを活性化することは、感情的な体験になる可能性があります。あなたが今まで自己批判的だった場合（そして私たちの多くはある程度そうですが）、愛あふれたピンクの光で自分を浸すと、あらゆる種類の気持ちが引き出されることがあります。これらの気持ちは、安堵《あんど》、愛、幸福に始まり、抵抗、怒り、後悔まで、あらゆる範囲にわたります。脳とエゴは非常に賢くて、私たちが大いに必要とする愛を与えないように、私たちを騙すようなやり方をよく使います。ピンクを使うときの目標は、あなたの完全さという真実があなたを洗い流すのに任せることです。愛を受けるに値するため、何かをする必要などありません。それはあなたの、生まれながらに持つ権利です。

称賛に関するメモ：謙虚さの誤った感覚から、他の人の親切な言葉を退けたり拒否したりするのは簡単です。でもこれは、あなたに愛を与えないためのマインドのもう一つのやり方なので、避けるべきです。誰かがあなたに何かいいことを言ってくれたら、それを本当に取り入れて、彼らが言っていることを吸収しようとしましょう。彼らはその瞬間、あなたにピンクのエネルギーを送っています。それが自分に入るのを許可するかどうかを決定するのはあなたです。

褒め言葉を受け取ることは、あなたのマインドを自分自身を愛する方向に向け直し、再教育する助けになります。

ピンクのスピリチュアル・アクティベーション・エクササイズ：称賛を快く受け取り自己愛を高めるワークをやりましょう

このエクササイズのために、あなたが安全だと感じる親しい友人や親戚を見つけてください。あなたがワークしている自己愛のプロセスを説明して、あなたの目標を理解してもらい、あなたの鏡となってサポートしてもらいましょう。

1. このエクササイズのパートナーと向かい合って座り、ピンクのスピリチュアル・アクティベーション・プロセスをパートナーと一緒にしてください（スピリチュアル・アクティベーションと、身体を通してピンクのエネルギーをグラウンディングする方法を説明しておきましょう）。
2. 2人とも準備ができたと感じたら、パートナーに、彼らが好きなあなたの資質を具体的に言葉にして言ってもらうように頼みます。答えるのに十分な時間をあげてください。このプロセスを急がせてはいけません。
3. パートナーが話し始めたら、パートナーの目を直接見て、話を中断しないでください。私たちは愛を受け取ることに気まずさを感じるので、自己批判が時々私たちに称賛を中断させます。このように、ピンクのエネルギーから自分をブロックしないようにしてください。

4. このプロセスを助けるために、あなたのパートナーが話している間、あなたとパートナーがピンクで包まれていると想像して、2人の身体全体にピンクのエネルギーをグラウンディングし続けてください。ピンクの光が、愛あふれた自己受容であなたを満たすのに任せ、そうなると意図します。

5. その後、あなたは称賛を快く受け取らなければなりません。パートナーが質問に答え終わったと知らせてくれたら、ただ、「ありがとう」と言ってください。ベストを尽くして、あなたに向けられた愛を吸収してください。彼らが言い終えた後、目を閉じて、称賛を息と共に深く吸い込むといいかもしれません。ピンクのエネルギーが、あなたが使うことのできる愛で、あなたを満たすことを許可してください。称賛をそらしたり、テーマを変えたりしないでください。パートナーがあなたの美しい目と素晴らしいユーモアのセンスを愛しているなら、これをできるだけ深く吸収してください。もしパートナーもこのエクササイズをしてみたい場合は、役割を交換して、今度はあなたが彼らを称賛してこのプロセスを行ってください。

ピンクのユニバーサル・アクティベーション

ピンクのエネルギーを活用してネガティブなセルフトークを転化する

私たちの多くは、ネガティブなセルフトークにあまりにも慣れてしまっているため、それをしていることにさえ、気がつきません。あなたの内なる批評家が、不機嫌なティーンエイジャーのように振る舞っているのか、またはどちらかというと、「愛と憎しみの伝説」のジョーン・クロフォードがあなたのインナーチャイルドに「ワイヤーハンガーは使わないでよ！」と叫んでいるように振る舞っているのを、あなたは知っていますか？ いずれにしても、あなたの意識の中でこれらの思考がどれほど頻繁に浮かんでいるかに十分気づくことによって、あなたは自分自身を大いに助けることができます。

ネガティブなセルフトークに関して皮肉なことは、私たちはこれを、他人と絆を築くためにさえ使用するということです。これは、私たちの意識に忍び込む、ピンクのシャドウ・サイド《影の面》です。誤った試みからつながりを求めるということは珍しくはありません。友人たちが彼ら自身の嫌いなところを自ら持ちだして同情することがあります。もしあなたの妹が「私は自分の太ももが嫌い」と言ったら、あなたは妹と自分がより近く感じるように、自分の身体を批判する必要はありません。ピンクのエネルギーを活用して、「君と君の太ももは美しいよ」と言うかたちでピンクのエネルギーを妹に送るほうが、はるかにパワフルになります。

ピンクのユニバーサル・アクティベーション・エクササイズ：自己愛のメッセージを意識的に注いで完全さをたどりましょう

自尊心に苦しむ私たちにとっては、ネガティブなセルフトークの習慣はあまりにも深くしみついているため、それをしていることにさえ気がつきません。私たちは、自分自身に対してよりも、他の人に対してずっと親切である傾向があります。でも、私の経験では、その内なる声を黙らせようとするのは時間の無駄です。なぜなら、それは私たちの一部だからです。意識的にポジティブなメッセージを自分たちの意識に加えることによって、これらの思考に光をもたらすほうが、ずっと効果的だと思います。このエクササイズでは、自分の意識に自己愛のメッセージを意識的に注ぎ込むことによって、一日を通してピンクのパワーを活用します。

1. 一日中いつでも、ピンクがあなたの前に姿を現したら、それに気づくと意図を設定します。時々私たちは、宇宙からのメッセージに気づかず、見落としてしまうことがあります。このエクササイズのリマインダーとして、色の小道具を利用してもいいでしょう。

2. ピンクに気がつくたびに時間をとって、この数日間に自分がしたことで、あなたが本当に誇りに思うことを認識してください。これを、アファメーションのように一人で静かに自分に繰り返して言って行うこともできます。または、書き留めてもいいでしょう。例えば、このような例があります。**私は期末試験に向けて熱心に勉強してきました。自**

3．**分のコミットメントを本当に誇りに思います。**
このエクササイズのバリエーションとして、いつでもピンクを見つけたときに、次に述べるピンクのアファメーションを繰り返すこともできます。

このエクササイズのポイントは、あなたの批判的思考をあなたという存在の、より生産的でポジティブな領域へと向け直すことです。ピンクを活性化《アクティベート》すればするほど、あなたはネガティブな思考をポジティブな思考で薄めることに慣れるでしょう。このようにピンクを活性化する習慣ができたら、ピンクを見ると直ちに、あなたの意識の中にポジティブな思考が引き起こされるはずです。このエクササイズは、自分自身のことで好きではないことに執着しようとする衝動を、弱めることを助けます。

このエクササイズの実例を挙げましょう。体重は人生における私の個人的な闘いであり、自分の身体のイメージのことになると、ピンクのシャドウ・サイド《影の面》を最も一貫して感じます。休みの日に誰かが携帯で私の写真を撮って私に写真を見せたら、すぐ私の頭に浮かぶのは、次のセリフです。わぁ、ひどいね。君は大きな老いた雌牛ってとこだ！　私のエゴは、普通、自分はちょっと冗談を言っただけだと自分に信じ込ませようとしますが、自己卑下的なユーモアは、ネガティブなセルフトークと同じくらい破壊的になることがあります。これは私にとって輝かしい瞬間ではありませんが、ここであなたに見せているのは、すべて現実です。スピリチュアルな先生、彼らは私たちと全く同じです！

私がこのエクササイズをするときは、自分が自分の身体の健康を大切にするポジティブなやり方を、ピンクに思い出させてもらいます。スーパーマーケットに行って、ピンクのブラウスを着ている人を見たら、私はその朝、運動をしたことを誇りに思い出すかもしれません。その日の夜に健康的なディナーを作ろうと計画した自分を褒めるかもしれません。または、ただピンクの自己愛のアファメーションを言うかもしれません。私は自分の身体を批判したがる声を黙らせることはできないかもしれませんが、でも、どこにフォーカスを当てるかを選ぶことはできます。私はこれまでに大幅に体重を減らして、それを保っています。ですから、ネガティブなセルフトークで、達成したことを最小限にしてしまうことなどできません。

このアプローチは、ネガティブな思考を完全に取り除くことにはフォーカスしていません。むしろ、思考のバランスをとって方向を変えるために、ポジティブなピンクのエネルギーを加えることがすべてです。

ピンクのアファメーション

私は私のままで完全です。

物を使ったピンクのアクティベーション

光を癒やしの源にして完全さと自己愛を思い出しましょう

あなたが思い出せるようにもう一度書きます。色の小道具は、あなたがワークしている色を活性化《アクティベート》するために使う、物質的な物です（この場合はピンクです）。見るたびにピンクのエネルギーを思い出していくために、様々なピンクの小道具を探しましょう。あなたの小道具を選んだら、自分自身の自己受容と無条件の愛を増やすという意図を、それらに注ぎ込みましょう。

今こそ、クリエイティブになって、あなたを本当にインスパイアする小道具を選ぶのに最適なときです！　一日を通してこれらの物に気づくことで、あなたの持って生まれた完全さと自己愛を思い出させてもらってください。私は自分の意図を色の小道具に注ぎ込むとき、次のアファメーションを使うのが好きです。**光を癒やしの源にしてください。**これは、自分自身からあらゆるプレッシャーを取り除き、ただ、色にその仕事をしてもらうのを許可するだけだということを思い出すためのものです。

あなたの毎日に取り入れることができるピンクの小道具には、次のようなものがあります。

✦**ピンクのネイルカラー**。これは、手を見るたびに色に気づくので、あなたがネイルカラーをつけて楽しむのが好きであれば、簡単な方法です。他にも、自由にピンクのものを使って、あなたの身体を飾ってください。私は、普段より自分自身にいっそう愛情深くありたいときは、よくピンクのシャツを着ます。これは気づいたことですが、私がピンクを身に着けていると、他の人もハッピーになるように見えます。

✦**メモのためのピンクのペン、または蛍光ペン**。日記を書くとき、私は自分自身を無条件に愛することの視覚的なリマインダーとして、ピンクのインクを使うのが好きです。

✦**ピンクの電球**。電球が点灯しているときは通常はそれに触れませんが、これは、物理的な空間に色のエネルギーを織り込む素晴らしい方法なので、ここに入れました。多くのホームセンターがピンク色の電球を販売しています。ランプにこれを使用すると、どんな部屋でもピンクのエネルギーを浴びることになります。また、あなたの肌をきれいに見せるというさらにプラスの利点もあります！

物を使ったピンクのアクティベーション・エクササイズ：
自分へ感謝の日記をつけましょう

感謝の日記には、私たちが感謝している、人生の良いことをリストします。自分への感謝の日記で、リストに私たちの中の良いものだけを書いて、そこにフォーカスし直すことにより、ピンクのポジティブな効果を拡大します。そして、その感情を色の小道具に結びつけることによって、感謝の日記のポジティブな効果を高めます。色の小道具が、一日中感謝の気持ちを思い出させてくれるからです。

色の小道具に触れている間、あなたが自分のことで愛していることを考えて、日記に書き留めてください。自分で「称賛して自分の背中を軽くたたく」とき、ピンクのエネルギーは、一歩下がって、今までどれほど遠くまで来たのかをよく見てみるように、思い出させてくれます。ここでは、あなた自身に本当に寛容になってください。もし、あなたがリストに載せることを見つけるのが難しい場合は、それは、あなたがピンクのシャドウ・サイド《影の面》でワークしていることを示す明確なサインです。私がここであなたが思い出せるように、ピンクの代わりにあなたに話しましょう。**あなたはあなたのままで、愛され、重要で、完全です。**

その日はずっと色の小道具を身近に持ち、それに触れるたびに自分への感謝のリストにあることを思い出してください。このエクササイズの目的は、あなたの自己愛のエンジン速度を上げて、最高速度で走ることに慣れさせることです。あなたは自分のユーモアのセンスと芸術的能力を愛しているかもしれません。または、その日はすごくついていた、というような単純なことかもしれません！　ピンクの光は、あなたがあなた自身の比類のない完全さに敬意を表し、そこに自分を同調させるよう、力づけてくれるのです。

このエクササイズに役立つ、いくつかの質問を挙げます。これ以外にも、思い浮かんだ質問を自由に加えてください。次のことを自分に聞きましょう。

●私のどの部分に、私は最も満足しているでしょうか？
●私の人生のどの部分が繁栄していますか？
●何が私を特別な存在にしていますか？
●私にはどんな才能がありますか？
●私は地球に何を提供できるでしょうか？
●私は思いやりがあるでしょうか？　他の人の気分を良くさせるコツを知っていますか？

覚えておいてください。ピンクのシャドウ・サイドが、次に述べるように、あなたが自分自身に敬意を払うのを妨げようとするかもしれません。それと闘ったり黙らせる必要はありません。ただ、それがあなたの最高のセルフトークではないことに、気づいていてください。一人一人が、エネルギーの独特の表現存在なのです。ピンクと共に時間をかけて、自分のすべてを愛し、あなた個人の「雪の結晶の輝き」に宿る完全さを認め受け入れてください。

ピンクのシャドウ・サイド

自己批判と一方的な判断を下し、強さ・美しさ・パワーを否定する

ピンクのシャドウ・サイド《影の面》は自己批判ですが、他人に対して一方的な判断を下すこととしても現れます。ピンクのエネルギーで苦労している人に現れる、身体的症状はたくさんあります。うつ、摂食障害、または美容整形への中毒などです。もしあなたが、ピンクのシャドウ・サイドのほうに傾いているのなら、自分自身の強さ、美しさ、そしてパワーを認めることに抵抗するでしょう。これらのエクササイズのいくつかはあなたを誘発し、あなたのマインドが、あなたは本物ではないと思ったり、あなたは自分の「欠陥」を無視していると思うかもしれません。自己愛にアクセスしようとすると抵抗が起こることはよくあります。多くの人が犯す間違いは、このネガティブさに異議を唱えようとすることです。秘訣は、**ネガティブさはあなたがそれに関わるときにだけ、力をつけるのだと知ること**です。

あなたの存在の中核にある真実は、穏やかで平和で落ち着いていてやすらかな深い感覚であると覚えておくことが重要です。自己愛は、ネガティブな思考を持っていないという意味ではありません。むしろ、ピンクはあなたの支配的な声が、より愛情深くポジティブになるように訓練してくれます。もしあなたが、ピンクのシャドウ・サイドのほうに傾いているのなら、忍耐強くあってください。もしあなたが、たくさんの批判的思考を持っているなら、ピンクは最初に

そのいくつかを強調して見せてくれます。それから、穏やかな気づきとともに、そのような批判的思考をよりポジティブなものに置き換えるのです。

あなたがピンクを活性化《アクティベート》するとネガティブな思考が出てくることに気づいたら、それと闘ったり、そんな思考を持っている自分を批判したりしないでください。ただ単に、あなたはまさに、あなたがあるべきあなたであり、あなたがいるべき場所にいて、あなたの旅でするべきことを完璧にしているのだと、あなた自身に思い出させ続けてください。ピンクの愛情深く育むエネルギーが、あなたを洗い流すことを許可してください。

今週は、「自分を称賛して自分の背中を軽くたたく」ことに集中してください。ピンクの光は私たちに、一歩下がって、今までどれほど遠くまで来たのかをよく見てみるように思い出させてくれます。あなたが誰であるかということに満足する許可を、あなた自身に与えてください。

第11章

ミントグリーン

特質：熱意、変化、生命力

シャドウ・サイド：活動しすぎること／不安／不健康

ミントグリーンは、成長と変化、新しい機会へとつながる生命力を表す

ミントグリーンはあらゆる種類の成長に関連しています。ミントは植物それ自体のように地球を簡単にしっかりとつかんで、突然活気づきます。私はこれは、私が見る、より明るい緑《グリーン》のエネルギーを象徴していると思います。なぜなら、私たちの肉体は絶えず自ら生まれ変わっているからです。明るい緑は若い植物や葉の色であるため、通常、自然界で起こる新しい生命に最も関連する色です。植物の緑は主に葉緑素によって引き起こされます。葉緑素は、植物が太陽光を使用可能なエネルギーに変換するのを可能にする化学物質です。まさに文字通り、緑はすべての生き物を繁栄させて、宇宙が意図したものに成長するのを助けます。

多くの言語で、緑という単語でさえも、成長するという単語と同じルーツを持ち、その関連性をさらに強固にしています。ゲルマン語、ロマンス語、スラブ語、およびギリシャ語にはすべて、生き生きとした植物を表す単語に由来する、緑という単語があります。日本語の緑を表す単語はみどりで、「咲く」または「成長する」という意味のみどるという単語から進化したと言われます。

歴史的に、明るい緑は新しい生命と成長に関連しています。古代ローマでは緑は、庭園や野菜の女神、ビーナスの色でした。古代エジプト人は、ナイル川の毎年の氾濫のあと、芽を出し

成長した新しい作物と緑を結びつけました。さらに、緑を表すエジプトの象形文字は、成長するパピルスの芽を描いており、壁画のオシリス神の顔は、健康と再生の象徴だった緑で描かれていました。中国で緑は、長い間多産と幸福を象徴する縁起の良い色と考えられてきました。

「**エレクトリック・ミントグリーン**」と言うと、色を表現するにはユニークな言い方に聞こえるかもしれませんが、人々のまわりにこのエネルギーがあるとき、それがどのように私に見えるかを説明するのに、これが一番近い表現です。それだけでなく、ミントグリーンは私がほとんど聞くことができる色の一つです。それは新しい生命で満ちていて、一種のハミングのような音を持っています。色のエネルギーについてのクラスを教えるとき、私はいつもミントを最後に教えます。ミントグリーンは変化と新しい機会を表すので、私はこの色を最後までとっておきます。これこそまさに、私が最後にあなたに持って帰ってほしいと思うエネルギーです。

私たちが始めたこの色の旅は、魂のたくさんの要素を探求して発見することを可能にしてくれました。これを考えると、ここでこの特定の色を使って、私たちの人生で可能な変化を認識するのは、適切なことに見えます。

ミントグリーンは私たちの生命力を表し、しばしば気またはプラーナと呼ばれます。私はこの色を、私たちの魂から放射される生命のエネルギーと見ています。ミントグリーンは私たちの健康と幸福を直接反映していますが、それだけではありません。物理的な健康の境界線を超えて、地球での個人的な成長に私たちがどのように近づくのかも反映しています。熱意はミントグリーンのとても大きな要素です。この色が誰かのエネルギーフィールドで支配的なとき、その人は、誰もが望むような最も効果的なチアリーダーであり、現実化に長けています。ミントグリーンのエネルギーは、すべての人にどんなことでも可能なように感じさせるので、あらゆる状況で歓迎されます。あなたがもし、家事の一日を即興ダンスパーティーに変えてしまったことがあれば、あなたはこの楽しいこと好きのエネルギーを、ワン・ショット（一発）作り出したと言えます。私はよく冗談で言うのですが、もしあなたがガレージセールをするとミントグリーンの人に言えば、彼らはコーヒー、看板、音楽、スナックを持って、一番にあなたの家に現れるでしょう。

個人セッションでは、私は妊娠した女性のまわりにミントグリーンをよく見ます。ミントグリーンのエネルギーは生命の力であふれているので、地球のために新しい生命を創造している、母となる女性たちから放射されます。ミントグリーンは「宇宙のカフェイン」のように感じます。とても素早く放射し、私はそれをほとんど音として聞くことができます。音色は決して心をかき乱すようなものではありません。それは、鳥がさえずったり、波がくだけたりするような、自分は生きているということを思い出させてくれる、微細で美しいものです。

ミントグリーンのエネルギーがあふれているクライアントの事例

ケネスは長年私がコーチングをしてきたクライアントでした。生まれながらにエネルギッシュでとてもクリエイティブで、いつも何かを*し*て*い*るヘアスタイリストでした。ケネスは深刻な麻薬中毒を克服し、回復期にある多くの人と同じように、今は自分のエネルギーの多くを仕事に注ぎ込んでいました。私は彼にニューヨークシティで自分のヘアサロンを開くようにコーチングし、彼は自力でそれを実行に移し非常に成功した人生を創りました。

ほとんどのクライアントの場合、私が彼らのまわりに見る色は、人生の状況により時と共に変化します。でも、ケネスの場合、これは決して当てはまりませんでした。彼は絶えず同じミントグリーンで、賑やかに鳴り響いていました。まるでハチドリのようでした。

「ドゥーガル、私はどうしても、落ち着くことができないみたいなんです」とケネスは嘆きました。

「どういう意味ですか？」

「何もかもうまくいっています。ビジネスは好調です。私はたいていはハッピーですが、でも、リラックスできないんです。すべてを心配する傾向もあります」

「わかります。時々、自分の生活のボリュームを下げるのが難しいこともありますよね。瞑想はしていますか？」

「ハ！　冗談でしょう？　瞑想しようとするといつも、指はトントン叩き始めるし、足も動いてしまうんです」

これはミントグリーンのもう一つの面白い面です。ミントグリーンはエネルギーの発電所ですが、チェックしないで放置すると、時々エネルギー過多になることがあります。高校時代を思い出してみてください。机に座って、足を繰り返し床にトントンとタップしている生徒がいたのではないでしょうか。彼らは静かに座っていたり、とても長い時間集中することができず、今にも椅子から飛び出しそうに見えました。ミントグリーンが多すぎるときは、このような感じです。

あなたはこのような人たちと一緒にいた同様の経験があるかもしれませんし、または、もしかしたらあなたが、エネルギーが過剰な人かもしれません。ミントグリーンは、どうやって（そして、いつ）エネルギーを止めるか、やり方を知っている限り素晴らしいものです。ケネスのミントグリーンのエネルギーはあふれていて、「止める」ボタンが、彼の手の届かないところにあるようでした。

あらゆる色がそうであるように、色のエネルギーにも2つの側面があります。私のような人にとっては、瞑想で自分の中心を見つけることはとても簡単です。一方、気をつけていないと、私は少し怠惰になる傾向があります。ミントグリーンの一服は、身体を使った活動に参加するとき私にエネルギーを与えてくれます。私はジムに行く前に、応援してもらうため、よくこの色を活性化《アクティベート》します。ミントのエネルギーをとてもたくさん持っている、ケネスのような人にとっては、静かに座って瞑想するのは、ほとんど拷問です。彼のエネルギーは、ミントグリーンのシャドウ・サイド《影の面》に傾くことがあり、このことを彼は、活動しすぎることと不安と言い表しています。この種のエネルギータイプは、通常代謝が非常に高いです（一生涯で90ポンド〈約41kg〉以上減らした私にとっては、それは素晴らしい問題のように聞こえますが！）。

「ケネス、あなたはいつもオーラから、このエレクトリック・ミントグリーンを放っています。エネルギーを大量に持っているのは、素晴らしいことですし、あなたはそれを使って、自分が望む人生を創ってきました。このエネルギーがあったから、あなたは自分が情熱を持つビジネスを築いて、繁栄させることができたと思います。ほとんどの人が欲しいと望むことでしょう。でも、このエネルギーの中に常にいるのは、耐えられないかもしれません。あなたはミントグリーンのエネルギーに関する不調和のことを言っているように聞こえます。身体はこれを知っているので、あなたは燃え尽きたと感じ始めているのです。あなたという存在にバランスをもたらす必要がありますね。身体はエネルギーの支配的な部分なので、あなたのエネルギーを減速させて、中心を見つける助けになるルーティンを見つける必要があります」

「そんなことどうやったらできるのか、私にはわかりませんよ。静かに座って瞑想しようとしても、マインドがいつもリラックスしないように邪魔するように感じています」

私はいつも同じことを人から聞きます。これは、私たちのスピリチュアリティがどのように見えるはずかということについて、私たちが自分たちの人生に自ら下した判断です。平和と悟りへの道はたくさんあります。私は、地球上のそれぞれの魂が、自分の個人的バランスと最善の中心を見つける方法について、独特の視点を持っていると信じています。

私はケネスのミントグリーンのエネルギーから、多くを学ぶことができます。ダイナミックな動き、生命力、エネルギーのすべては、彼にとって非常に自然なものです。ミントグリーンの人は典型的な朝型人間なので、ベッドから跳ねるように飛び出します。私のエネルギータイプは、バニラ・ラテに似たオーラの色にもともと近く、それは、できれば心地いいソファで2時間リラックスして、その日の出来事について瞑想している間に出してほしい飲み物の色です。その後やっと、私はミントのようなエネルギーを創り出すように、気持ちを奮い立たせるでしょう。

「自分の中心を見つけるのが最も難しいと感じるのはいつですか?」。私はケネスに尋ねました。

「たいていは、一日の終わりです。生産的で忙しい一日を過ごしたとわかっていても、まだマインドを静めることができません。私はいつも、何かを忘れたかもしれないとか、またはもっとできたのに、と感じているんです。私が神経過敏だと言う友人もいます」

ミントグリーンとともに瞑想と運動を一つにしてADHDを癒やす

私は、ケネスの場合、静かに座ってスピリチュアル的にミントグリーンを活性化《アクティベート》させることは、彼にとってもっと気が散ることになると、気がつきました。そこで私は、代わりに、彼がもともと持っているエネルギーを利用して、ミントグリーンと健康的な関係を結ぶ方法を提案しました。

「ケネス、あなたの自然なリズムを尊重してみましょう。あなたの瞑想と運動を、合わせて一つにしてみたいと思います。何かワークアウトを選んでもらいたいのですが、選ぶとき、ミントグリーンのエネルギーが注がれ身体の中を流れると、ビジュアライズする意図を設定してください。あなたのエネルギーを解放する助けになり、同時にマインドを静めることもできるものを選んでください。他の人と話すことが必要になるスポーツや運動は避けてください。交流は通常素晴らしいのですが、この時間は、あなたのための静かな瞑想として使いたいと考えています。ジョギング、ヨガ、またはスピン・クラスはすべて、あなたのスピリチュアル・アクティベーションと組み合わせるのにいい運動です。始める直前に何度か深呼吸をして、あなたの頭上にミントグリーンの光を見てください。その後、あなたが運動を続けている間中、ミントグリーンの光が注がれ、あなたの身体を流れると想像してください」

ここでの私の意図は、ケネスが自分の自然な体質をそのまま尊重して、バランスを取る努力をすることでした。彼の場合、非常に多くのエネルギーが彼の存在を流れていたので、それを解放する方法を見つける必要がありました。スピリチュアルなレベルでは、中毒を克服した後彼には豊富な集中したエネルギーが残され、当然のことですが、彼はそれを別のところに向ける必要があると感じました。ケネスは、伝統的な方法で瞑想することができないという自分自身に対して、批判的な気持ちを持っていました。そして私は彼を、その自分で作った必要条件から自由にしてあげたいと思いました。最初に平和を見いだす方法についての期待を解放し、自分の自然なエネルギーと協調すること。私はこれが、彼が自分の中心にアクセスする最良の方法であると感じました。

1週間後、ケネスと私はフォローアップのセッションをしました。彼は座って、結果について興奮して話してくれました。

「あぁ、ドゥーガル、これは面白い経験でした」

「全部教えてください！」

「私は毎日45分間走ることにしました。運動は私にとっては初めてのことではありませんが、普通は友達と一緒にする、とても社交的なことです。私は定期的にジムに行き、ランニングマシンで走ったりクラスを取ったりしますが、いつも友達と一緒です。今度は、音楽を聴いたり、友達と走ったりする代わりに、私はあなたが言ったことをして、この運動が私の瞑想であるという意図を設定しました。私は公園に行って、貯水池のまわりを走りながらミントグリーンを想像しました。毎回走り終わるころ、私は自分がずっと穏やかでリラックスしていることに気がつきました。通常、瞑想はこういうやり方でするとは想像しませんが、私はそれがマインドを静かにするのを助けているように感じました。1週間が終わるころには、自分が自分に対してどれだけ批判的だったか、興味深い気づきもありました」

「どういう意味ですか？」

「私が子供だったころ、私がじっと座っていることができないので、家族はそれを物笑いの種にしました。彼らは私を『クレイジー・ケネス』と呼ぶのが好きでした。長い間車に乗っているときは、私は車の窓を指でコツコツ叩いたものです。そうしていることを、意識さえしていませんでした。誰かが嫌がるまでは、何かすることが必要だったので、そうやって叩いていたのです。家族の集まりでは、私はいつもゆっくり歩きました。学校でさえ、動きすぎで、私はトラブルに巻き込まれました。当時は、誰もＡＤＨＤ（注意欠陥多動性障害）について何も知りませんでした。彼らはただ、私が学校を好きではないと見なしました。私は自分のエネルギーに関して、どれだけたくさんの恥を抱えていたのか、十分に把握したことはないと思います。この実験は、本当にそれに関する私の考え方を変えてくれました。自分のエネルギーレベルを判断してそれを悪いものと見るのではなく、ミントグリーンの助けを借りて、それを私のマインドの中のポジティブな場所に移して、それは私の魂のもう一つの表現であると捉《とら》えることができるようになりました」

私はミントグリーンのエネルギーが、新しい視点をもたらすやり方が大好きです。その瞬間、私たちに思考の変化、問題を違う視点で見る能力をもたらしてくれます。エレクトリック・ミントグリーンは、喜び、楽しみ、そして私たちのマインドの自然な状態に関係しています。私は激しい運動のファンではありません。でも、運動は健康にとって重要であることを知っているので、やっています。よく考えてみると、私の運動に対する抵抗は、性的虐待の被害者だったことと関係があるかもしれません。瞑想は肉体を離れることを助けてくれますが、運動は私が身体の中に完全に存在することを強制して、時々心地悪くなることがあります。それでもなお、私はミントグリーンを使って、自分自身のエネルギーの気づきをグラウンディングさせようとしています。

個人的なミントグリーンへのアプローチとしては、私は運動を身体を使った瞑想として利用して、マインドを静めるということはしません。私にとってのチャレンジは、自分がワークアウトしているときに、完全に目覚めていて身体に存在することです。私は瞑想でとても簡単にマインドを静めることができますが、でも、ミントグリーンを使って、自分のエネルギーと十分に関わり目覚めさせたらどうでしょうか？

運動前にミントグリーンを活性化《アクティベート》すると、私が自分の身体を感じて身体にとどまることを、本当に助けてくれます。また、自分のエネルギーがどのように流れているか、気づきと共に私を導いてくれます。私がより柔軟になるために長くストレッチをするとき、より強くなることができるように、もう1回リフティングするとき、そして自分の身体が特定の食べ物にどのように反応するか注意を払うときでさえ、ミントグリーンは私が身体に物理的に存在することを助けてきてくれました。一言で言えば、ミントグリーンは、私が自分の生命力と健康であることに直接つながることを、助けてきてくれたのです。それはまだ進行中のプロセスですが、私は自分自身について学ぶことを楽しんでいます。そして私は、**最高のアイデアは、何らかの運動中によくやって来ると思っています。**

ミントグリーンのアクティベーション・ノート

私は完全に生きて、自分の身体の中に存在しているでしょうか？

ミントグリーンの活性化で新たな旅へ！　色に目覚めた象徴のカラー

私は、ミントグリーンを活性化することを、一種の卒業式として考えるのが好きです。これは、プロセスをこれで終了するからではありません。あなたが卒業し、色の可能性を通じて新しくてパワフルな旅へ旅立つことを表しているからです。ミントグリーンは、あなたの色との目覚めた関係の象徴であり、あらゆる色で実行できる様々なポジティブな調整を象徴しています。私には通常ミントグリーンは、クスクス笑いをしている子供と、肉体的にとても健康な人のまわりに見えます。それは人生への活力を創り、物理的に触れることのできる色です。

あなたがこのエネルギーを活性化《アクティベート》するとき、それがどれほど速く動くかを、あなたのマインドが理解することはほとんど不可能です。シルバーでは私は、時間をかけてそのエネルギーの深みと微妙なペースを経験することを勧めました。エレクトリック・ミントグリーンとワークし始めると、その経験は、シルバーとはほとんど逆のものになります。ミントグリーンが望む速さで、あなたの身体の中を動くのに任せましょう。あなたを踊りたい気分にさせるなら、好きな音楽をかけて踊りましょう。自然の中でハイキングをしたり、家の新しいリフォーム・プロジェクトを始めたいときは、そうしてください。このエネルギーがあなたの身体を活性化して、成長の新しい機会を創るのに任せてください。なぜなら、その物理的活動が、他の分野での新しい始まりに変換するからです。ほとんどの人は、喜び、ワクワク感、未来へのポジティブな意欲を感じると報告しています。

ミントグリーンのスピリチュアル・アクティベーション

別の意識領域へ！　ミントグリーンでビジュアライゼーションの勧め

私たちの多くは、瞑想とスピリチュアルなプラクティスを、個人的で静かなものにしています。キャンドルに火をともし、ソフトな音楽をかけ、家でひっそりと行い、自分の身体を離れて別の意識の領域を経験するためにその瞬間を使います。これらは、私たちの内なる存在の神聖さとつながる素晴らしい方法です。そして私は、個人的な瞑想を定期的に行うことを、強くお勧めします。でも、植物が成長するために太陽に「見てもらう」必要があるのと同じように、ミントグリーンのエネルギーは、繁栄するために見てもらいたいと思っています。ミントグリーンのエネルギーは、内省というよりもむしろ、行動的な瞑想であり、物理的な体験に関連します。

ロマンチックなデートの前に、ミントグリーンを使って、座りながらの伝統的なビジュアライゼーションをすることをお勧めします。この色はあなたのエネルギーを開くのを助け、質問したり新しい人に会いたいと思うあなたの部分を活性化します。また、ミントグリーンは、雰囲気を明るく保つのにも役立ちます。これは、最初に人と知り合いになるときに便利です。オーセンティックにあなたであるということは、長期的には重要ですが、最初にあまりに感情的に深く掘り下げることは、しばしば親密さを急ぐための誤った試みになります。ミントの服を着ることだけが、このエネルギーを活性化させる唯一の方法ではありません。スピリチュアル・アクティベーションを使って、このポジティブで陽気なエネルギーを呼び出すことができます。

ミントグリーンのスピリチュアル・アクティベーション・エクササイズ：
屋外の自然の中で行うとポジティブなエネルギーがさらに解放され自由に！

ミントグリーンは楽観的でエネルギッシュな性質を持つため、スピリチュアル・アクティベーションは、他の色のときとは少し異なります。何らかの身体活動と共に、ビジュアライゼーションを行います。ミントグリーンをスピリチュアル的に活性化《アクティベート》するとき自然の中ですると、そのポジティブなエネルギーがさらに解放されて自由になるので、これは素晴らしいやり方です。

1. スピリチュアル・アクティベーションを身体を使った活動と融合させる方法を、考えてください。

活動をしながらミントグリーンをスピリチュアル的に活性化するので、このエクササイズではほとんどずっと目は開けたままです。このアクティベーションの主要な要素は、エネルギーがあなたの身体を通ってグラウンディングし、次に地球の中心に深く注ぎ込まれるのを見ることです。

このエクササイズのやり方は数多くあります。ガーデニングは、土の上に立って足のすぐ下に直接ミントグリーンのエネルギーを想像するので、とてもいい方法です。料理も、栄養価の高い食事を作りながらミントグリーンを活性化する素晴らしい方法です。料理しながらミントグリーンを活性化する私の好きな方法の一つは、料理をしながら音楽をかけることですが、たいてい私は、スパチュラ「マイク」に向かって歌いながらします。身体を使った運動はどんなものでも、ヨガからスピンクラスまで、またそれ以外でも、同時にミントグリーンをスピリチュアル的に活性化するのによく合います。

2. このアクティベーションをするとき、いくつもの感覚を使って、あなたの身体を通してミントグリーンのエネルギーをグラウンディングし続けましょう。
　ミントグリーンはスピリットを目覚めさせて活き活きさせるので、通常、複数の感覚を伴います。

　ビーチを歩きながらミントグリーンを活性化するのであれば、波があなたに自然に話しかけるのに任せてください。打ち寄せる波の音に耳を傾け、波が膨らむのを見て、足裏の柔らかい砂を感じ、海の潮の香りを嗅ぎましょう。波が一つ一つ打ち寄せて浜で砕けることは、ポジティブなエネルギーがはじけることを象徴しています。海へ戻る引く波は、もう役に立たないものを表します。

3. アクティベーションに複数の感覚を集中させて使うこのアイディアは、どんな活動を選択しても使うことができます。
　シンプルなハイキングや近所を散策することでさえ、足下でカサカサと音をたてる葉っぱ、顔に当たる爽やかなそよ風、空気中の松葉の香りなどに意識を向ければ、ミントグリーンの瞑想に替えることができます。

　究極の目標は、できるだけ多くの感覚を活用して、あなたがこのアクティベーションをするのを手伝うことです。これらの要素を加えると、神聖なミントグリーンのエネルギーにつながりながら、あなたがグラウンディングし続けて、身体の中に存在し続けることの助けになります。

私は意識的な瞑想を大いに信じています。このエクササイズは、どのようにすれば、どんな活動も活力を取り戻す儀式になり得るかを、示してくれるでしょう。

ミントグリーンのユニバーサル・アクティベーション

身体的活動を通じてマインドフルになるためにミントグリーンを使う

ミントグリーンを活性化《アクティベート》すると、人生へのあなたの熱意が際立ちます。私はかつてピラティスのクラスをシリーズで初めて取りました。ピラティスはとてもゆっくりで音楽も使わず、非常にマインドフルになって自分の身体と共に存在しなければなりません。それにもかかわらず、私はミントグリーンのエネルギーへの関わりとして、この新しい形の運動を選びました。ピラティスに、ある特定の動きがありました。身体を低くして床まで降ろすとき、片方の脚をもう片方の脚に交差させて、床に座ったときに一種の胡坐をかいたように座る動作です。そのポジションを達成し、深呼吸をしてしばらく座っていた後、先生は私たちに立ち上がるように指示しました。目標は、手を使わずに自力で床から離れることでした。先生は説明してくれました。「研究によると、一人で床から立ち上がることができる人たちと長寿と生活の質の間には直接相関関係があることが示されています」

基本的に、手を使わずに床から立ち上がることができれば、それは、あなたが後になってどれくらい自立していられるかの、良いサインでした。とても単純な動きでしたが、私はそれを完全にはできなかったので、多くの感情が呼び起こされました。私はバランスを取るために床に2本の指先を置く必要があり、感情の洪水が私に影響を与えたと思います。これが数週間続いて、フラストレーションを感じながら部屋を見渡したとき、生徒の一人がミントグリーンのヨガマットに座っていることに気がつきました。オーケー、私は心の中で自分に言いました。私はこれを宇宙からのユニバーサル・アクティベーションとして認め、練習を続けることを誓いました。

このエクササイズのクラスは、このように一見シンプルな動きで構成されていましたが、それは私の遺伝的歴史を深く反映していました。私の家族の中では、愛する人たちの幾人かに可動性の問題があり、彼らは床から自分で立ち上がることができません。私は家族の集まりで直接目撃したので、それが本当であることを知っています。私は愛する人たちが、日々の生活のような場面で身体の可動性の問題で苦労しているのを見てきました。そして、この色はあらゆる種類の新しい始まりに使われていますが、エネルギッシュなミントグリーンは、私がこれからも常に身体的活動を人生で優先させると自覚することを助けてくれました。

私は、朝エネルギーを奮い起こすのに苦労することについて、冗談を言うかもしれません。そして確かに、そよ風の吹くテラスでの一杯のシャルドネは、ピラティスのクラスよりも私にとってずっと魅力的です。でも、ミントグリーンのエネルギーを運動のルーティンにグラウンディングすればするほど、私はその目的を理解して感謝します。私は90代になっても床から勢いよく立ち上がれるだけでなく、自分の身体を愛し尊重して、何年もの間、新しい始まりを経験できるようでいたいと思っています。

ミントグリーンのユニバーサル・アクティベーション・エクササイズ：新しいことにトライして定期的に身体のエネルギーをチェックする

ミントグリーンのエネルギーは、あなたがコンフォート・ゾーンから抜け出して、どのような新しい経験を作り出すことができるかを見るのを、助けてくれます。あなたの色との旅が、人生における新しい試みを表す可能性もあり、新しい始まりは完全にこの色の中に入っています。エレクトリック・ミントグリーンは物事を揺るがします。これはポジティブな成長に必要なことです。ジョー・ディスペンザ博士は、ルーティンを替えることと、より幸せでより満ち足りた人生の間の神経科学的相関関係を示す多くの書物を書いています。多くの研究は、私たちが何らかのルーティンを長くし続けると、脳と身体が自動操縦状態に移行することを示しています。これは人生の経験にも当てはまります。ルーティンの快適さと親密さには、絶対的な美しさがあります。でも、引き寄せの法則と完全に一致するためには、私たちは意識が新しくて違う部分にアクセスすることに対して、オープンでいなければなりません。

ミントグリーンを見つけたとき、ユニバーサル・アクティベーションをしていれば、その日に何か新しいことを試すようにというサインにしてください。意図としてこれを設定することもできるし、または、たまたまどこかでこの色に気がついたのであれば、自然発生的にすることもできます。ミントグリーンを見たらいつでも、あなたが試せる何か新しい活動のようなことを考えてみてください。あなたにとって何か新しいことであればよく、大きなことである必要はありません。例えば、昼食に何か初めてのものを注文すること、知らない人と会話を始めること、または、食料雑貨の買い物に違うスーパーマーケットに行くことなど、簡単なことでいいのです。このエクササイズの意図は、ミントグリーンを利用して、あなたが新しい可能性を活性化して引き付けるのを助けることです。他にもこの活動として、新しい博物館に行ったり、まだ行ったことがない近くの町を探索したりすることもできます。

あなたがこの新しい活動や取り組みを試すときは、それがあなたの身体のエネルギーにどのように影響しているかを定期的にチェックしてください。もししたければ、日記に書いておきましょう。いろいろなことを感じるかもしれませんが、全体的な反応を探してください。このようなことには慣れていないと感じるかもしれませんが、あなたが楽しいと感じて意識を広げているならいいことです。繰り返し試してください！

鮮やかな明るいグリーンを見るたびに、それは宇宙からあなたへのカフェインの一服だと考えてください。見るたびに、あなたは変化にオープンで、引き寄せの法則に完全につながっているとアファメーションをしてください。このエレクトリック・ミントグリーンは、人生へのワクワク感と喜びをあなたにもたらしてくれます。また、エレクトリック・ミントグリーンは、生きていることと身体にいることを感謝するようにとも、あなたに教えています。

ミントグリーンのアファメーション

私は私の身体の中に完全に存在します。

物を使ったミントグリーンのアクティベーション

ミントグリーンの食べ物や小物で夢を実現しましょう！

ミントグリーンの物を使ったアクティベーションは、現実化に役立つツールになるでしょう。私が自分のキャリアで特に大好きな面の一つは、定期的に日本に行けることです。行くたびに、私はレクチャー、ワークショップ、様々なリーディングの個人セッションとコーチング・セッションをします。これは最高に素晴らしい経験でした。私は日本でクライアントとつながる機会に深く感謝しています。私はいつも日本での過去生とのつながりを感じ、日本にいると本当に家にいるような気がします。

物を使ってミントグリーンを活性化《アクティベート》することは、日本での素晴らしい充実したつながりの可能性へ、自分の意識を開くことを助けてくれました。現実化の練習として、また宇宙に明確な意図のメッセージを発信するため、私は日本人の同僚と最初に連絡をとったときに、日本語の授業を取ることを決めました。私はミントグリーンのノートにメモを取り、それに触れては日本で日本語を話す意図を自分に思い出させていました。ほとんどの場合それは素晴らしいアイデアのように感じましたが、完全に挫折を感じる日もありました。日本語には3種類の違う文字があり、そのうちの一つは完全にシンボルで構成されていることを知っていましたか？　それはかなりのチャレンジでしたが、私は日本語で会話する方法を学ぶと固く決めていました。

日本語のクラスにいると、私は自分の脳の一部が、かなり長い間休眠していた電子を発射するのを感じることができます。完全に新しい文字を暗記し、発音し、書いて読むことは、私がそれまで決して思ったこともないやり方で、自分を自分の身体にグラウンディングさせてくれました。それはエキサイティングで、同時に恐ろしくもあります。自分の理解力のレベルに自分が自己批判的だと感じたら、私はただノートに触れて、これらのクラスを取った自分の意図を自分に思い出させます。始めるのは難しかったですが、私は今では日本語会話の初歩の基礎知識があると誇りを持って言えます。これは役に立ちます。なぜなら、今私は日本への3回目の旅から帰ったばかりで、また行く計画があるのです！

私の次の目標は、日本語で瞑想をリードすることです。語彙《ごい》を習得するのにどれくらいの時間がかかるかわかりませんが、私はこの夢を実現するためにミントグリーンを使います！

あなたの毎日に取り入れることができるミントグリーンの色の小道具には、次のようなものがあります。

✦**新鮮なミント。**鉢植えのミントを手に入れて、家に置きましょう。素晴らしい色の小道具であるばかりでなく、葉も食事に使うことができます。

✦**ミントグリーンのスカーフ。**ミントグリーンは身に着けるのに素敵な色です。首のまわりに着ければ、一日中見たり触れたりすることができます。

✦**抹茶。**抗酸化物質とビタミンCが詰め込まれた抹茶は、ミントグリーンのエネルギーを楽しむ素晴らしい方法です。アーモンドミルクを加えて、完璧な色合いの抹茶ラテに変容させましょう!

物を使ったミントグリーンのアクティベーション・エクササイズ:現実化したいものは何か? あなたの望み・意図を設定する

あなたの人生で現実化したいもののために、意図を設定します(注:このエクササイズは、あなたが使用している他の現実化プロセスがどんなものでも、それを補完することができます)。あなたの意図を、簡単に見ることができる場所に書き留めてください。ビジョンボードやデスクトップの背景でもいいですし、浴室の鏡にテープでメッセージを貼ってもいいでしょう。似たようなやり方でしてください。アイデアとしては、趣味、習い事、料理、旅行、またはいつも試したかったことを考えてください。あなたの人生に、新しくて、今までとは違っていて、そして気持ちを高めてくれるものとして、何を取り入れることができますか? 私たちは、知識と経験がすぐ手に入る、マジカルなときに生きています。新しいものにオープンでいれば、私たちはエネルギーを拡大し、人生で情熱を作り出すことができるのです。

このエネルギーを物を使って活性化《アクティベート》するための、ミントグリーンの色の小道具を選んでください。何度でも好きなだけ、小道具に使う物は変えることができます。目標を思い出したいときはいつでも、この小道具に触れてください。

オレンジのように、ミントグリーンも食を通して簡単に取り入れることができます。新鮮なミントを買って家に置くことができるからです。植物のミントに触れることでミントグリーンを活性化できるだけでなく、素晴らしい香りが、色の小道具にもう一つの感覚をもたらしてくれます。新鮮なミントの香りや味に感謝しない人に、私は今まで会った記憶がありません。ミントを水や食べ物に加えてもいいし、家でブーケのように使って、ミントがあなたの気分をリフレッシュし、気持ちを高めてくれる効果があることに気づいてください。

自然界は優れた色の小道具です。できるだけ頻繁に家に持ち込むことをお勧めします。緑のすべての色合いは、自然の中で表現されています。鮮やかな緑の植物を見つけ、あなたの人生の新しい可能性を意図的に思い出すために、それを使用してください。

ちょっとした注目が欲しい場合は、ミントグリーンはあなたのワードローブに取り入れるのに最適な色です。ミントグリーンを身に着ければ、あなたは簡単に、部屋の中で人を一番惹きつけることができるでしょう。

未知の結果への不安・恐怖、身体的健康で苦労する

ミントグリーンのシャドウ・サイド《影の面》は、不安と体の健康で苦労することです。不安は、しばしば未知の結果への恐怖であり、それがミントグリーンのエネルギーを直接妨げる理由です。もしあなたがこの色に抵抗し、シャドウ・サイドに傾いていると気づいたら、自分の身体に完全に存在することに苦労している可能性があります。エネルギーの竜巻のような人を知っているかもしれません。彼らは部屋へ入ってくるや否や、自分の鍵を見つけようとしたり、同時に4つの異なることについて話したりするので、部屋にある紙はすぐに飛び散って散乱します。彼らは偉大な人々ですが、1秒減速して一息つく必要があるように感じます。

このような旋風エネルギーは、ミントグリーンのアンバランスのしるしです。ミントグリーンは私たちが身体を感じることを助けるので、強い、ほとんど本能的かつ動的な反応があります。一部の人にとっては、このエネルギーのアンバランスは不安のように感じることがあります。もしあなたがそのような場合には、よりゆっくりと行う運動を加えると、このエネルギーのバランスをとるのに役立つことがあります。太極拳、ヨガ、陶器の製作、または近所を静かに散歩することは、より安全に感じられる、ミントグリーンを活用する良い方法です。スピリチュアルなプラクティスと身体的活動を快適に組み合わせることができるには、少し時間がか

かるかもしれません。

あとがき　あなたの虹を追いかけよう

人はしばしば、オーラや誰かのまわりのエネルギーがどのように見えるか説明してほしいと、私に頼みます。私たちのエネルギー構造の深さと大きさを表現することは、ほとんど不可能です。そして現実には、私たちのエネルギー体の全体像を自分は見ていると私が思うとしたら、それは単純すぎます。私は、自分が選んだ分野で仕事を続けながら、私が、人々のまわりに見えるものを伝えることができるだけです。それは私に、星を見つめることを思い出させます。草の上に寝転んで、何時間も宇宙を見上げて見つめます。あなたの目は、おそらく一つのきらきら光る光に焦点を合わせるでしょう。星座に気づくことさえあるかもしれないし、そこにあるものを本当に理解していると思うかもしれません。でも真実は、私たちは皆、一人一人それぞれのやり方で、宇宙の深さとそのとてつもなく大きな領域を経験しているのです。

私たちの魂と私たちが放つエネルギーも同じです。リーディングで誰かのまわりに1色、2色、または3色も見えるかもしれません。でも、私たちの魂は深遠で、私たちの経験もエネルギーも、絶えず変化しています。クライアントのまわりに、ある色が1色見えるかもしれません。そして、1年後、彼らの人生で何が起こっているかによって、今度は全く異なった色が見えます。だからこそ、私はあなたに、10の主要な色一つずつに慣れ親しんでもらいたいと思ったのです。あなたの人生が変わり続けるように、あなたが手を伸ばす色とエネルギーも、変わり続けるでしょう。

ここで私は、多くのクライアントの性格の特徴を私自身が解釈したことに基づいて、これらの色を説明しました。でもこれは、私自身が宇宙を理解するときのレンズを通したフィルターにかけられています。色のエネルギーを分類するのは、流れ星に、良く調べて理解したいから一時停止してくれと頼むようなものです。でも、私はこれらの色が表すエネルギーは、普遍的だと感じています。あなたの人生の、より優勢な側面をいくつか探求するのに役立つシステムを私は創りました。ゴールドを使ってより高次の思考の形を活性化《アクティベート》することに始まり、紫であなたの運命と目的を発見することまで、これらの色は、あなたがそれを必要とするとき、あなた自身の資質を調整し強化することを助けてくれます。

あなたの力で創ることができる変化は無限です。シルバーを使って家の状態にフォーカスすることに始まり、ミントグリーンを通して、自分の身体との関係を最適にすることもできます。このシステムは、あなたが今いるところと向き合い棚卸しをして、そして最も重要なことですが、あなたはどこに行きたいのかをじっくり考えて評価する機会を、あなたに提供します。このプロセスは、あなたが人生を通して見てきた色を使って、バランス感覚を築くことを助けてくれます。これは、様々な感覚を使って、人生の主要な要素の手綱を自分で握る機会なのです。

あなたの人生に自然に色と光のエネルギーをもたらす方法は、たくさんあります。これらの色のパワーをどれくらい使いたいかは、完全にあなた次第です。毎週違う色とワークして、すべての色のエネルギーを完全に一巡することもできます。このプロセスを白から始めて、本の順番通りに最初から最後まで繰り返すこともできます。または、必要に応じてそれぞれの色に戻って参照し、そのとき一番必要な特定の色を呼び出して、導いてもらうこともできます。私の主な目的は、色は新しい言語であり、あなたはそれを使うことができるということを、あなたに見せることです。

私はエネルギーの相を通っており、自分が人生のどこにいるかによって、断続的に違う色に惹かれます。例えば、私は現在青の相にいます。先日洋服のショッピングに行ったら、青のショートパンツ、青のポロ、青のTシャツを何枚かと青の靴下を自分が選んでいるのに気がつきました。最近では、リビングルーム用に新しい青のクッションを購入してしまいした。でも、ただ肩をすくめて「私は青が好きなんだ」と言う代わりに、この色を通して私のエネルギーは私に何を伝えているかを知るため、私は注意を払います。

このようなとき、色があなたに何を伝えようとしているかは、すぐにはわからないかもしれません。私の場合、青のエネルギーが私の人生について何かを教えようとしていることは、わかっていました。それでは一緒にこのことを探求してみましょう。私にとっての青を透視したイメージは、しばしば山積みの青い本だと前に触れました。青のショッピングに少し浮かれていたとき、私はこの本を完成させる最終段階に入っていました。自分自身に正直になり、青の背後にあるメッセージに耳を傾けると、私は執筆の過程でかなりの恐れがあったことを認めなければなりません。自分のアイデア、コンセプト、そしてプロセスを表現することの組み合わせは、拒絶と失敗の恐怖を引き起こすようです。クリエイティブであるということは、自分自身を傷つきやすくするということを意味します。

これらの恐怖が現れ始めたとき、私は自然に自分自身のまわりを青で囲み始めていました。でも、私はまた、日々青が定期的に私に向かって飛び込んでくることにも気づきました。その意味にフォーカスしていたら、自分の無意識の恐怖が、自分のエネルギーのまわりに浮かんでいたのだということに気がつきました。

いったんそれぞれの色と関係を創り、あなたの存在を通してグラウンディングさせたら、それはあなた自身の予知システムになる可能性があります。宇宙は、あなたとコミュニケーションし、つながる方法として、色を使います。最初は解読するのは難しそうに見えるかもしれません。でも、いったん時間を取ってそれに親しめば、色を通して情報を認識し受け取っている自分を発見するでしょう。

それは始まりにしか過ぎません。私たちは、宇宙がサインを通して私たちに話しかけるのを待っていることがよくあります。宇宙からのサインが欲しいと言う人もたくさんいます。あなたは人生を色と生きることによって、自分を力づけ、色を使って人生にエネルギーと変化を創り出すことができるのです。今ではあなたは、私たちの人生にとって最も実用的な10色の強い感覚と、それらとのつながりを持っています。ですから、その色をどんな順番にでも、またはあなたが合っていると思うやり方で、使うことができます。状況に応じて、あなたは、感情的、スピリチュアル的、または物質的な（または、できれば、このすべての）視点から、どんな色でも活性化《アクティベート》することができます。このプロセスは、私にとって最近そうだったように、あなたが最高の自己になり、自分のエネルギーを管理し続けることを助けてくれます。

私はロサンゼルスのオプラ・ウィンフリー・ネットワークでライブ・スピーキング・イベントをするよう招かれました。彼らは、OWNユニバーシティ、またはOWN《オウン》 U《ユー》.と呼ばれる、従業員向けのプログラムを持っています。OWN U.のスピーカーの中には、ブレネー・ブラウン、イヤンラ・ヴァンザント、キャメロン・ディアスがいます。そしてこの特別な日は、私です。ゴクリ。私はここ数週間、カレンダーを見てはこのことを思い出して過ごしていましたが、それほど大したことではないふりをしようとしていました。すでにOWNの人たちと数回電話会議が行われていました。また、約70名の役員およびチームメンバーへの私のライブ・プレゼンテーションの前に、オプラ・ドット・コムのためにビデオを撮ることについても話しました。

「ええと、オプラはそこに来ますか？」。私はある電話会議で尋ねました。

「来るかもしれないです。彼女がビル内にいるかどうかによります」

私はロサンゼルスに8年以上住んでいます。私のクライアントの中には、よく知られている人が何人もいます。この時点で、私は有名人に会うことには慣れていました。誰もが同じ根本的な問題や課題に取り組んでいることがわかったら、幻想は本当に姿を消します。そうは言っても、会うと考えただけで少し緊張してしまう人たちが数人いて、そのうちの一人がオプラ・

ウィンフリーです。私の存在の、グラウンディングしていて理性的な部分は、彼女が他の皆と同じように人間であることを知っています。でも、授業をさぼったり、忠実に彼女のショーを見る私の中の子供は、彼女と放送の場を共有するということを理解するのに苦労しました。

イベントやパーティーで彼女に会うのは、また別の話です。私はおそらく緊張しながら自己紹介して、いつかブルーベリースコーンを食べながらスピリチュアリティについて話しませんか？　と尋ねたでしょう。でも、彼女のいる部屋の一番前に立って、自分の仕事に基づいたスピリチュアルな、私たちを高めてくれる話をすると考えただけで、あらゆる感覚が襲ってきました。このように興奮して、私は自分が精神的に参っていくのを感じることができました。

通常私は、自分の性格の部分部分を、区切ることができます。リーダーになるために踏み出す必要がある日には、紫色を使うことができます。何かを書いたり自分自身を表現する必要があるときは、私はエメラルドグリーンを呼び出すでしょう。エレクトリック・ミントグリーンを使うと、活力と若々しい喜びを物事にもたらすのを助けてくれます。それぞれの色が、私がエネルギーや自分の意識の一部にレーザーのように焦点を当てることを助けてくれます。でも今度は、たくさん扱うことになると感じました。これは教師として自分のパワーに存在することと、大いにインスパイアしてくれる私の教師に潜在的に会うこととの組み合わせになるでしょう。

トークの朝、私はどの色を着ていいかわかりませんでした。私は瞑想としてシャワーを浴びることにしました。私はシャワーと瞑想を組み合わせるのが好きです。浄化になり、注意をそらすものもありません。静かな空間を創って、私のスピリチュアル・セルフを「洗う」と同時に、自分の肉体を洗うことについて、何か詩的なものもあります。

この特別な日の朝、シャワーでの瞑想の間、私のマインドではいろいろな思いが駆け巡っていました。静かで平和なエネルギーはほとんどありませんでした。私が気がついたのは、2つの非常にパワフルなエネルギーが私のマインドの中で踊っていたということでした。私の中のスピリチュアルな教師は、うまくやってまた招待されたいと思っていました。私の中の若い学生は、もしオプラが友情出演をすると決めたら、クールに振る舞いたいと思っていました。

「私はグラウンディングをする必要がある」。私は大きな声で言いました。

私はすぐに黒を着ることが必要不可欠だと決めました。おわかりですよね。黒はグラウンディングのエネルギーを表しています。地球、土、そしてすべての物質は、黒のエネルギーを通して呼び出されます。黒は、私たちの存在を地球にグラウンディングさせる色です。人はしばしば色のエネルギーについて私に尋ね、それから言います。「黒はどうですか？　あなたは、誰かのオーラに黒を見ることはありますか？」。あるいは彼らは、ネガティブな人に関して冗談で、「あの人のオーラは絶対黒だ」。と言うかもしれません。この種の発言は、まるで黒のエネルギーが悪いものであるかのようによく言われます。でも、これは誤解です。なぜ一つの色が本質的にネガティブなのでしょうか？　色にはすべて、ポジティブな面と影の面であるシャドウ・サイドがあります。視覚的には、黒は他のすべての色を吸収すると言われています。そのことは私にとっては、黒のグラウンディングのパワーの完璧な例です。黒は、私たちの散乱したエネルギーのすべてをとらえて、私たちを地球の中心に根付かせる能力を持っています。私がニューヨークシティに住んでいたとき、私の洋服の色と言えば、黒でした。実際、マンハッタンの人々は、多くが黒を好んで着ています。これは単に痩せて見えるからだけではありませんん。大都市では物理的なスペースが極端に限られているからだと私は思います。私は朝、混雑した通りを歩き、人が詰まった地下鉄に乗って、やっと小さなオフィスに着いたものです。その日の終わりには逆の行程をたどり、小さなアパートに帰りました。だから、自分のエネルギーを守るために、私たちはエネルギーを内側に引きます。小さな町から来た人は、ニューヨーカーは友好的ではないと思うかもしれません。私にはその理由がわかります。私たちはどこに向かっているかに非常にフォーカスする傾向があり、通常電車で人と目が合うことを避けます。でも、私たちが気が散ったり圧倒されていると感じるとき、自分のエネルギーを自分自身の近くに引き寄せたいと思うのは、自然なことです。非常に暗い茶色、黒、チャコールグレー、および他の暗い土色のトーンは、私たちをグラウンディングさせ、自分のエネルギーを守るのに役立ちます。

今私はロサンゼルスに住んでいて、より広いスペースがあるので、私のワードローブは明るい色に変わりました。でも、この特別な日に、黒は強く私を呼んでいるようでした。黒を私たちのやり方で使うときは、アクティベーションのプロセスを逆にします。ＯＷＮ Ｕ．で私のイベントのために着替えていたとき、私は頭上６インチのところに黒を想像するのではなく、自分の足の真下に黒いエネルギーの球を２つ想像しました。これらの黒のエネルギーの球体は、私にとって興味深い姿を見せてくれます。もしあなたがオブシディアンという石を見たことがあるなら、私に見えるのは、その石にとても似ています。黒の石にゴールドの輝きが混ざっていて、虹色と表現することさえできます。

黒を除くすべての色では、アクティベーションのプロセスの間、私たちはガイダンスを求めて天と宇宙に目を向けます。自分に自分のソウル・ボディを思い出させます。でも、アーストーンの暗い色とワークするときは、全く逆のことをします。黒のようなアーストーンの色を使って足下にフォーカスする理由は、私たちのエネルギーを地球にグラウンディングするのを助けるためです。この日私は、スピリチュアルな話題を、誰もが受け入れられるように、グラウンディングしたやり方で表現する必要がありました。

私たちは皆多面的な存在であり、日々いくつもの役割をこなしています。あなたは、お母さん、妻、弁護士、友人、レイキのプラクティショナーで、さらに熱烈なデュラン・デュランのグルーピーかもしれません。目の前の仕事に応じて、あなたのアイデンティティの求められている部分を使いリードしているでしょう。人生には、私たちが一度にすべての役割を果たすことになる、極めて重要な瞬間がいくつかあります。そしてその日、オプラ・ウィンフリー・ネットワークで、私は自分のすべての役割をいっぺんに果たしたいと思いました。とても緊張して、身体の外に出てしまいましたが、私はその場に存在する必要がありました。私はこの経験とつながり、完全に一つになりたかったのです。バランスを取り、そして統合されたところに居たいとも思いました。

私は意識的な瞑想の最後の瞬間として、黒のVネックのセーターを着ました。その日、黒を見るたびに、自分のエネルギーを活かして、そこに、グラウンディングして中心にいる、と言うエネルギーを加えるとアファメーションしました。

デイビッドと私はOWNスタジオに到着し、ロビーへの階段を昇りました。すると、デイビッドはすぐ笑い始めました。

「ああ、びっくりした、これは面白い！」

「何？」

私たちはドアを開けました。目の前に、巨大な床から天井までのビデオスクリーンがあり、そこには私の映像と次のメッセージが映っていました。「**オプラ・ウィンフリー・ネットワークはドゥーガル・フレイザーを歓迎します**」

さて、理論的には、このような瞬間は、私にあらゆる種類の緊張と恐怖を引き起こしていたはずです。私はすでに、そこで話すことについて緊張していました。そして、ここを歩いた人は皆、私の顔を見ることができたのです。この瞬間起こっていることを楽しむと自分に許可しないことは、私にとっては非常に簡単でした。私はスピリチュアルな教師の役割に忙しくて、どういうわけか、スピリチュアルな教師はそのようなことにワクワクしたりしないと思い込んでいました。

でも今日は違いました。今日、私はグラウンディングしていました。私は今この瞬間に私がすべてのものとして存在することを助けてもらうために、黒を活性化《アクティベート》しました。そしてこの瞬間、私はとてもうれしく思っていました。私にできたのは、クスクス笑うことだけでした。私たちはフロントデスクまで行って、そこで私は壁を指して言いました。「ハーイ。そこの壁にいるのが私です」。デイビッドは写真を撮るから、その前に立ってほしいと懇願しました。私たちは豪華なベンチに座ってOWNチームを待ちながら、目の前の私の写真をじっと見つめていました。

OWNチームが来て、私たちはビデオ撮影をする部屋に連れていってもらいました。そこで私はサマンサに紹介されました。サマンサは、番組の中で私をインタビューすることになっていました。彼女と握手したとき、彼女が着けていたネックレスに惹かれました。それは、最も美しいお守りでした。金色のワイヤーで包まれた黒いオブシディアンです。それは私の目の前にあり、ユニバーサル・アクティベーションの完全な顕現でした。私は彼女に、黒を活性化《アクティベート》した理由のプロセスと、彼女のネックレスがどれほど私の神経を落ち着かせるのを助けてくれたかを説明しました。

それから私たちは一連の短いビデオを撮りました。我ながら大成功でした。黒のグラウンディングのエネルギー（そして、それをリアルタイムでスパイする私の能力）が、ロビーでの興奮状態から、心臓が止まることなく、知恵と情報を明確に伝えることへと、スムーズに移行するのを助けてくれました。

OWNでの私のトークは、約60人の視聴者の前で午後5時から収録される予定でした。トークの前にまだ時間があったので、デイビッドと私は、軽食と飲み物を取るため現場のカフェに行きました。カフェは美しいラウンジに見えるようにデザインされており、一方の端には美しい布張りの家具があり、反対側にはおいしいものがたくさんある豪華なキッチンがありました。私はコーヒーと軽食を持ってきて、静かに座りました。あっという間に、私のマインドはおしゃべりでいっぱいになりました。このコーヒーはおいしい。このグルテンフリーのクッキーもおいしい。ちょっと待って、これって、オプラのお気に入りなのかな？　つまり、ここは彼女のオフィスで、ということは、あそこにあるのはジュリア・ロバーツの好きなマフィンだという可能性は十分ある。

　ついにトークを始める時が来て、私は自分の身体が電気のコンセントに差し込まれたように感じました。エネルギー、興奮、緊張が混ざり合って、私の中を駆け巡っていました。話をしながら、私は自分の息が先走っているのを感じることができました。宇宙のカフェインが１００倍になったようでした。その瞬間、私は自分自身を判断し始めました。批判的な考えが私のマインドをグルグルと回りました。スピリチュアルな教師は落ち着いている。本当の教師はゆっくり話すだろう。いったいどんなスピリチュアルな教師がプレゼンテーション中に、汗を流し始めるっていうんだ？

　その瞬間、話しながら、私は少し休憩が必要だと決めました。自分の言葉通りにきちんと実行して、簡潔で意識的な瞑想をしよう。そのとき、私の頭の中の声が言いました。**ただ呼吸をして。一時停止して、自分を取り戻せばいいのです**。そこで、考えることなく、私は一瞬止まって呼吸をする必要があると、グループに話しました。私は水を一口飲み、目を閉じて、数回深呼吸をしました。黒のセーターを見下ろし、自分の意図を思い出しました。

私は横を向きました。ＯＷＮのスタッフの幾人かが少しの間、優しく拍手喝采してくれました。私は深呼吸をし、自分の力を所有すること（owning）に戻りました（わかりましたか？OWNing です）。

私たちは皆人生のある時点で、自分を疑うという経験をします。黒は私のエネルギーを最適化するのを助けてくれましたが、私はまだウキウキした気分と緊張感を感じていました。振り返ってみると、自分自身が再びつながる許可を、自分に与えることで苦労したのは、おかしなことです。この日は大して大事な日じゃなかったとか、自分は興奮していなかったというようなふりをするより、私はこの瞬間を、可能な限り完全に十分体験したかったのです。私の意識の一部は、自分のインナーチャイルドにフォーカスしていました。インスピレーションを求めて毎日オプラ・ショーを見ていた、太りすぎの同性愛者の子供です。一言いうと、その日彼は喜びのあまり飛び跳ねていました。私は興奮しているのを認めて、彼に敬意を表しました。

でも、私の意識のもう一つの部分は、18年以上スピリチュアルな仕事をしてきた教師であり、このグループの人たちに教えて、気持ちを高めようと完全に意図していました。自分を取り戻して呼吸をする瞬間が必要だったのは、完全に道理にかなっています。自分がグラウンディングすることによって、自分があの瞬間、可能な限りその場に存在するようにしました。残りのトークはとてもうまく行きました。私は、同時に人間と教師の両方でいられた自分を誇りに思います。トークの後その場に残って、私は聴衆の何人かと話しをしました。それからデイビッドと私は車に飛び乗って、日本語のクラスに駆けつけました。丸一日の間に私は、ファン、熱狂的な人間、緊張した人、教師、生徒、直感的な人になることができました。このすべてをしている間中、私は自分のガイドとして、常に色のパワーを使っていました。

この日のできごとの展開は、私たちの人生で色がどのようにその役割を果たすことができるかを、完全に例として見せてくれています。私は長年にわたりこれらのエネルギーを、効果的に活用してきました。これらのエネルギーがあなたのためにもうまく働いて、あなたがあらゆるレベルでエネルギーを取り入れるための道具を持っていると感じることを、私は願っています。私が知ることになったのは、ある一定のレベルのバランスをもって、私たちは人生に取り組む必要があるということです。スピリット、身体、感情の世界を融合させるとき、私たちは自分のエネルギーを最も純粋な形にまで高めるのです。

私たちは、ある次元または別の次元で、行き詰まってしまうことがあります。私が説明した日には、まず私は瞑想で始め、グラウンディングをして、完全に一体化されているという意図を設定しました。ビジュアライゼーションを使い、スピリチュアルなレベルで色を活性化《アクティベート》しました。その後、黒いセーターを色の小道具として使い、色を物理的なレベルで活性化しました。私は、宇宙が小さなメッセージで私を導いてくれる、そして、私に意図を思い出させるために、その日私が色をスパイすることを手伝ってくれると、アファメーションしました。結果は、完全に統合された、大いに実りある経験となりました。

もし、私が色のエネルギーに関して、一つ主な提案をあなたに残すことができるのであれば、これを伝えたいと思います。あなたの人生で色を活性化するとき、「正しい」色を選ぶことについて、あまり心配しすぎないでください。あなたにはこのガイドと色への気づきがあります。ですから、色は単に目にきれいに映るだけでなく、もっとパワーを持っているとあなたは知っています。あなたにとって完璧な色のことを考えるよりむしろ、ただ色を使い始めてください。それぞれの色があなたのエネルギーにワクワクする変化を創り出すでしょう。あなたは、それぞれをどれくらい使うか、調整し続けることができます。色があなたにどのような影響をもたらしているかに、気づいていましょう。そして、あなたの色との経験が私の経験と違ったら、素晴らしいです！　重要なことは、ただ飛び込んで、色を使ってみることです。

私と一緒に色のパワフルな世界を探求する時間をとってくださって、どうもありがとうございます。私はこのワークを20年近くやってきて、皆さんに色の潜在力を紹介することが、絶対的に大好きです。あなたには今、色を使って前に進むことを助けてくれる道具がたくさんあります。色の使い方は無制限です。試してみてください。そして、色があなたにとってどのように働くかを教えてください！

巻末注

第6章

1. Donald A. Laird, “Fatigue：Public Enemy Number One ; What It Is and How to Fight It,” American Journal of Nursing 33, no.9 (September 1933)：835-841.

2. “A Flash of Green Enhances Creativity,” Pacific Standard, March 20, 2012, http://www.psmag.com/social-justice/a-flash-of-greenenhances-creativity-40483. See also Stephanie Lichtenfeld et al., “Fertile Green：Green Facilitates Creative Performance,” Personality and Social Psychology Bulletin 38, no.6 (June 2012)：784-797.

3. 参照例：Sylvie Studente, Nina Seppala, and Noemi Sadowska, “Facilitating Creative Thinking in the Classroom：Investigating the Effects of Plants and the Colour Green on Visual and Verbal Creativity,” Thinking Skills and Creativity 19 (March2016)：1-8. http://www.sciencedirect.com/science/article/pii/S1871187115300250.

4. Gretchen Reynolds, “Greenery (or Even Photos of Trees) Can Make Us Happier,” Well (blog), The New York Times, March 17, 2016, http://well.blogs.nytimes.com/2016/03/17/the-picture-of-health.

第8章

5. “Psychological Study Reveals That Red Enhances Men’s Attraction to Women,” PhysOrg.Com, October 28, 2008. オンライン以下参照：https://medicalxpress.com/news/2008-10-psychological-reveals-red-men-women. html.

第10章

6. A. G. Schauss, “Application of Behavioral Photobiology to Human Aggression：Baker-Miller Pink,” International Journal for Biosocial Research 2 (1981)：25-27. As quoted in James E. Gilliam and David Unruh, “The Effects of Baker-Miller Pink on Biological, Physical and Cognitive Behaviour,” Journal of Orthomolecular Medicine 3. no.4 (1988)：202-206.

7. A. G. Schauss, “Tranquilizing Effect of Color Reduces Aggressive Behavior and Potential Violence,” Journal of Orthomolecular Psychiatry 8 (1979), 218-220 ; W. D. Wilson, The Pink Relaxation Center/Study Carrel (Gig Harbor, WA：Human Edge Systems, 1985). 以下より引用：Gilliam and Unruh, “The Effects of Baker-Miller Pink.”

謝辞

たくさんの方々が、本書のために尽力、指導、サポートしてくださいました。とても感謝しています。

コレット・バロン-リード、絶え間なく励ましてくれて、そしてヘイハウス・ファミリーへ紹介してくれて、ありがとう。

ヘイハウスの皆さんには、皆さんの献身と、本に命を吹き込むときに果たす皆さんの重要な役割に感謝します。私は特にパティ・ギフト、ダイアン・レイ、ペリー・クローに感謝したいと思います。ヘイハウスのファミリー全員がとても温かく歓迎してくださり、私はこのコミュニティの一員であることを光栄に思います。

私の編集者のリサ・チェンに。あなたの熟練した指導は、私にとって極めて大きな学びの経験でした。私はあなたのサポートとハードワークすべてに、とても感謝しています。

最後に、この本の初期の発展段階のとき、大きな役割を果たしてくれた、友人や同僚たちがいます。ユア・ライフ・イン・カラー（原題）を読み、編集し、企画と着想への指導を申し出てくれた、親切な方々です。順不同で、マリリン・ケンツ、マリシュカ・ヴァン・アールスト、レイミー・ウォーレン、アラン・コーエン、ダニエル・マキノン、ジェームス・ヴァン・プラーグ、リシア・モレリ、ジョン・ホーランドに感謝します。

ドゥーガル・フレイザー　Dougall Fraser

©Kristin Klier

アメリカのベストサイキックTOP100に選出され、国際的に認められたサイキック、作家、コズミック・コーチ。カラーセラピー、透視、直感、共感力、インテリアデザイン、そして実用的なアドバイスを駆使して、人が目標と夢を肯定・評価して達成・実現できるようにサポートしている。

オプラ・ウィンフリー氏主宰のTV局『OWN』では特集番組が組まれ、また「ザ・リアル・ハウス・ワイブス」「ダンシング・ウィズ・ザ・スターズ」「グッド・デイLA」など話題のTV番組ショーにも多数出演。さらに、深夜トークショーの共同司会も務めた。「ハフィントン・ポスト」で人気の常連ブロガーであり、“But You Knew That Already”などの著者としても知られる。日本では、『かみさまは小学5年生』の著者すみれさんとの共著で『かみさまに、どうしても聞きたい30のこと。』（Clover出版）など。現在、夫とともにロサンゼルス在住。

HPは、https://www.dougallfraser.com/

＊ドゥーガル・フレイザーの来日情報は、こちらでご覧になれます。
http://www.dynavision.co.jp/
http://dynavision.co.jp/dougallfraser/

穴口恵子　Keiko Anaguchi

スピリチュアルと現実を統合したスピリアルライフを実践することを通し、誰もが無限の可能性を開き、人生のバランスを取りながら幸せで豊かに生きることを提唱する。
これまでに、人材育成コンサルタントとしてソニー、シティバンク、本田技研、BMWをはじめとする数々のグローバルな上場企業等のコンサルティング、研修を行う一方で、世界中に最高のメンターを探し求め、日本でそのプロデュースを行うなど、世界最高レベルのものを人々に提供してきた。現在、日本でスピリチュアルスクールを主催する傍ら、クリスタルショップの経営、聖地として名高いアメリカのシャスタ山でもショップのプロデュースを行っている。フランス、アメリカ、ブラジル、インド、ペルーなどにも招かれ、セミナーや個人セッションを行っている。これまで15,000人以上が受講してきた個人セッションは好評で、いつでも公開後すぐに予約が埋まってしまう。
スピリアルライフをサポートするセラピストの育成に特に注力しており、オリジナルのヒーリングやチャネリングメソッドの認定コースを全国で開催中。これまでに、1,300人以上のセラピストを輩出している。

カラーマジック
人生を幸運に導く「色使いの達人」になる

第一刷　2019年10月31日

著者　ドゥーガル・フレイザー
監訳　穴口恵子

発行人　石井健資
発行所　株式会社ヒカルランド
〒162-0821 東京都新宿区津久戸町3-11 TH1ビル6F
電話 03-6265-0852 ファックス 03-6265-0853
http://www.hikaruland.co.jp info@hikaruland.co.jp
振替　00180-8-496587

本文・カバー・製本　中央精版印刷株式会社
DTP　株式会社キャップス
編集担当　溝口立太

ISBN978-4-86471-822-6

オーラを読み解く全米TOPサイキック
ドゥーガル・フレイザー来日情報へのアクセス

©Kristin Klier

わずか8歳で大人へのオーラ・リーディングを開始。

20歳で全米TOPサイキックに選出――。

オーラを瞬時に見とおす卓越した透視能力とカラーリーディング能力を活かして、ハリウッド長者番付に入るフィル・マグロー氏や世界で最も有名な放送人の1人であるラリー・キング氏など、共演する大物セレブたちをつぎつぎと魅了。有名雑誌『Spin』や『The New York Post』でも全米トップレベルのサイキック・コーチとして掲載され、初著書『But You Knew That Already』はベストセラーに。ユーモアあふれる人柄で、アメリカの高視聴率TV番組にも多数出演し、海外セレブや日本の著名人からも大人気のスピリチュアル・リーダー、

本著者ドゥーガル・フレイザーの来日情報は、
下記でご覧になれます。

http://www.dynavision.co.jp/

http://dynavision.co.jp/dougallfraser/

ヒカルランド　好評既刊！

地上の星☆ヒカルランド　銀河より届く愛と叡智の宅配便

世界は自分で創る〈上〉
思考が現実化していく185日の全記録
著者：Happy
四六ソフト　本体 1,620円+税

世界は自分で創る 下①
201407-201512
「引き寄せる」から「自分の心を生きる」へ
著者：世界は自分で創る
四六ソフト　本体 1,851円+税

世界は自分で創る 下②
201601-201704
「自我・思考」主導から「真我・ハート」主導へ
著者：世界は自分で創る
四六ソフト　本体 1,851円+税

世界は自分で創る 下③
201705-201812
「分離・無価値感」から「統合・the ONE」へ
著者：世界は自分で創る
四六ソフト　本体 1,851円+税

逆説的人生を包み超えて
あなたが本当に《幸せ》になる方法
著者：奥平亜美衣
四六ソフト　本体 1,685円+税

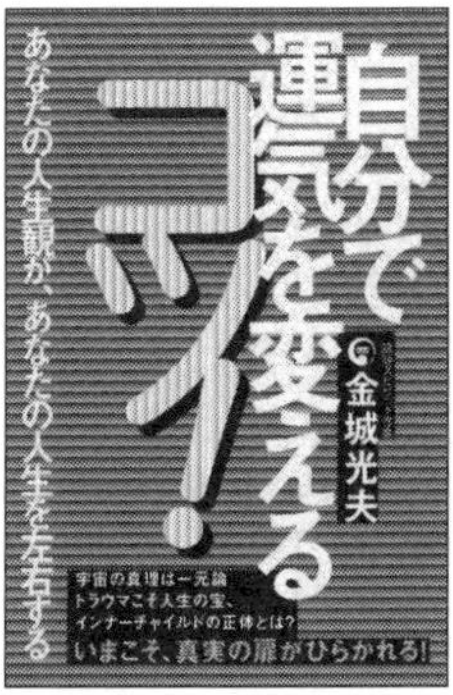

自分で運気を変えるコツ！
あなたの人生観が、あなたの人生を左右する
著者：金城光夫
四六ソフト　本体 1,620円+税